여행이 ★ 즐거워지는 ★ 중국어

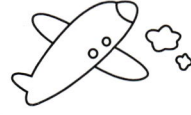

- 기초회화
- 출입국
- 숙박
- 식사
- 이동
- 관광
- 쇼핑
- 친구만들기
- 위급상황

창
Chang Books

차례

1 써먹는 표현
- :: 부탁할 때 ········ 6
- :: 바라는 게 있을 때 ········ 7
- :: 허락받을 때 ········ 8
- :: 장소를 물을 때 ········ 9
- :: 길을 잃었을 때 ········ 10
- :: 길을 물을 때 ········ 11
- :: 택시 탈 때 ········ 12
- :: 물건 살 때 ········ 13
- :: 밥 먹을 때 ········ 14

2 기초회화
- :: 인사하기 ········ 16
- :: 자기소개 ········ 22
- :: 감사와 사과 ········ 26
- :: 대답과 맞장구 ········ 28
- :: 기분표현 ········ 34
- :: 부탁하기 ········ 38
- :: 질문하기 ········ 42

3 출입국
- :: 출발 ········ 48
- :: 기내서비스 ········ 50
- :: 입국신고서 ········ 54
- :: 입국심사 ········ 56
- :: 짐 찾기 ········ 58
- :: 세관 ········ 60

目次

4 숙박
- :: 체크인 ···················· 64
- :: 프런트에서 ················ 68
- :: 객실에서 ·················· 72
- :: 문제가 생겼을 때 ·········· 76
- :: 체크아웃 ·················· 80

5 식사
- :: 정보입수 ·················· 86
- :: 음식점에서 ················ 90
- :: 식사중에 ·················· 94
- :: 술집에서 ·················· 98
- :: 찻집에서 ················· 100
- :: 계산 ····················· 102

6 이동
- :: 길을 물을 때 ············· 106
- :: 지하철 ··················· 110
- :: 버스 ····················· 114
- :: 고속버스여행 ············· 116
- :: 택시 ····················· 118

7 관광
- :: 관광안내소에서 ··········· 126
- :: 관광지에서 ··············· 130
- :: 사진 찍기 ················ 132
- :: 박물관·미술관 ············ 134
- :: 관람 ····················· 138

8 쇼핑

- :: 환전 — 142
- :: 가게에서 — 144
- :: 옷 사기 — 150
- :: 구두 사기 — 154
- :: 값을 깎을 때 — 156
- :: 계산하기 — 158
- :: 교환과 환불 — 160

9 친구만들기

- :: 말 걸기 — 164
- :: 칭찬하기 — 170
- :: 메일주소 주고받기 — 174
- :: 거절하기 — 176

10 위급상황

- :: 사고 · 질병 — 182
- :: 약국 — 186
- :: 도난 · 분실 — 188
- :: 다급할 때 — 192
- :: 증상 말하기 — 194

부록

- :: 써먹는 단어 — 199
- :: 표지판 읽기 — 232

써★먹★는 표현

이거 주세요.
어디예요?
어떻게 가요?
얼마예요?

부탁할 때 써먹자!

칭
请
qǐng

+

써
시에
写
xiě

읽어
두
读
dú

열어
다카이
打开
dǎkāi

닫아
꽌
关
guān

도와
빵 워
帮我
bāng wǒ

알려
까오쑤
告诉
gàosu

내려
샤쳐
下车
xiàchē

+ 주세요 **이샤**
一下
yíxià

바라는 게 있을 때 써먹자!

싶어요. 我要
워 야오
wǒ yào

+

가고
취
去
qù

화장실에 가고
샹 처쑤오
上厕所
shàng cèsuǒ

쉬고
슈시
休息
xiūxi

사진 찍고
쟈오샹
照相
zhàoxiàng

선물 사고
마이 똥시
买东西
mǎi dōngxi

~ 보고
칸 ~
看 ~
kàn

뭔가 마시고
허 디엔 션머
喝点什么
hē diǎn shénme

호텔에 돌아가고
후이 판뎬
回饭店
huí fàndiàn

허락받을 때 써먹자!

돼요?
워 커 이
我可以
wǒ kěyǐ

+

담배 피워도
시옌
吸烟
xīyān

앉아도
쭈오
坐
zuò

봐도
칸 이샤
看一下
kàn yíxià

문 닫아도
꽌샹 츄앙후
关上窗户
guānshangchuānghu

창문 열어도
다카이 츄앙후
打开窗户
dǎkāi chuānghu

입어 봐도
스 이샤
试一下
shì yíxià

들어가도
찐
进
jìn

+

마
吗?
ma

장소를 물을 때 써먹자!

화장실
처쑤오
厕所
cèsuǒ

엘리베이터
띠엔티
电梯
diàntī

비상구
타이핑먼
太平门
tàipíngmén

출구
츄코우
出口
chūkǒu

택시 타는 곳
츄주처 짠
出租车站
chūzūchē zhàn

안내데스크
푸우타이
服务台
fúwùtái

공중전화
꽁용 띠엔화
共用电话
gòngyòng diànhuà

역
처짠
车站
chēzhàn

편의점
삐엔리뎬
便利店
biànlìdiàn

\+ 어디예요?
짜이 날?
在哪儿
zài nǎr

길을 잃었을 때 써먹자

길을 잃었어요.
워 미 루 러
我迷路了。
wǒ mí lù le

택시는 어디서 타요?
짜이 날 쭈오 다띠?
在哪儿坐打的?
zài nǎr zuò dǎdī

※ 지도를 보여주면서

여기가 어디예요?
쩌거 디팡 짜이 날?
这个地方在哪儿?
zhège dìfang zài nǎr

여기에 가고 싶은데요.
워 야오 취 쩌거 디팡
我要去这个地方。
wǒ yào qù zhège dìfang

10

길을 물을 때 써먹자!

거기까지 어떻게 가요?
따오 나비엔 전머 조우
到那边, 怎么走?
dào nàbiān zěnme zǒu

전철로
쭈오 띠티에
坐地铁
zuò dìtiě

택시로
쭈오 츄주처
坐出租车
zuò chūzūchē

버스로
쭈오 꽁꽁치처
坐公共汽车
zuò gōnggòngqìchē

배로
쭈오 촨
坐船
zuò chuán

걸어서
조우 져
走着
zǒu zhe

+ 가요. 취
去。
qù

11

택시 탈 때 써먹자!

가고 싶은데요. 워 샹 야오 취
我想要去
wǒ xiǎng yào qù

+

가 주세요. 칭 취
请去
qǐng qù

+

시내
청리
城里
chénglǐ

천안문
톈안먼
天安门
tiānānmén

북경호텔
베이징 판뎬
北京宾馆
běijīng bīnguǎn

공항
찌창
机场
jīchǎng

물건 살 때 써먹자!

있어요? 有
요우
yǒu

관광지도	손수건	볼펜
다오요우투 导游图 dǎoyóutú	쇼우찐 手巾 shǒujīn	웬쮸비 圆珠笔 yuánzhūbǐ

티슈	우산	생수
미엔쯔 面纸 miànzhǐ	위싼 雨伞 yǔsǎn	쾅췐슈이 矿泉水 kuàngquánshuǐ

그림엽서	칫솔	모자
화피엔 画片 huàpiàn	야슈아 牙刷 yáshuā	마오즈 帽子 màozi

吗?
마
ma

13

밥 먹을 때 써먹자

찾으시는 게 있으세요?
닌 쉬야오 마이 디엔 션머?
您需要买点什么?
nín xūyào mǎi diǎn shénme

얼마예요?
뚜오샤오 치엔
多少钱?
duōshaoqián

이건 뭐예요?
쩌스 션머?
这是什么?
zhèshì shénme

값을 써주세요.
칭 시에 짜이 쩔 찌아거
请写在这儿价格。
qǐng xiě zài zhèr jiàgé

그냥 구경 좀 하려고요.
즈스 칸칸
只是看看。
zhǐshì kànkan

기초회화

인사하기
자기소개
감사와 사과
대답과 맞장구
기분표현
부탁하기
축하하기

인사하기

안녕하세요?

안녕하세요? (여러 명에게)

안녕하세요? (아침)

안녕하세요? (낮)

안녕하세요? (저녁)

아침 早上 쟈오샹　　　오전 上午 샹우
저녁 晚上 완샹　　　오후 下午 샤우

니 하오 / 닌 하오
你好！/ 您好!
nǐ hǎo　　　nín hǎo

니먼 하오
你们好!
nǐmen hǎo

쟈오샹 하오
早上好!
zǎoshang hǎo

샤우 하오
下午好!
xiàwu hǎo

완샹 하오
晚上好!
wǎnshang hǎo

잘 지내요?

잘 지내요.

건강하세요?

식사하셨어요?

일은 바쁘세요?

오늘 날씨 어때요?

니 꾸어 더 하오 마?
你过得好吗?
nǐ guòde hǎo ma

워 헌 하오
我很好。
wǒ hěn hǎo

니 션티 하오 마?
你身体好吗?
nǐ shēntǐ hǎo ma

니 츠 판 러 마?
你吃饭了吗?
nǐ chī fàn le ma

니 꽁쭈어 망 마?
你工作忙吗?
nǐ gōngzuò máng ma

찐톈 톈치 전머양?
今天天气怎么样?
jīntiān tiānqì zěnmeyàng

너무 좋아요.

오랜만이에요.

실례합니다.

안녕히 가세요(계세요).

안녕히 주무세요.

살펴가세요.

페이창 하오

非常好。
fēicháng hǎo

하오지우부찌엔러

好久不见了。
hǎo jiǔ bú jiàn le

라오 찌아

劳驾!
láojià

짜이찌엔

再见!
zàijiàn

완 안

晚安!
wǎn ān

만 조우

慢走。
màn zǒu

기초회화 / 인사하기

자기소개

저는 ~라고 합니다.

몇 살이에요?

올해 25살입니다.

한국에서 왔어요.

중국은 처음이에요.

한국	韩国 Hánguó	이름	名字 míngzi
중국	中国 Zhōngguó	학생	学生 xuésheng

워 찌아오 ○○○

我叫○○○。
wǒ jiào

니 지 쑤이 러?

你几岁了?
nǐ jǐ suì le

워 찐니엔 얼스우 쑤이

我今年二十五岁。
wǒ jīnnián èrshíwǔ suì

워 총 한구어 라이

我从韩国来。
wǒ cóng Hánguó lái

워 디 이츠 라이따오 쭝구어

我第一次来到中国。
wǒ dì yícì láidào Zhōngguó

기초회화 · 자기소개

무슨 일 하세요?

대학생이에요.

취미는 뭐예요?

취미는 여행이에요.

중국어를 공부하고 있어요.

한국에 가보셨어요?

니 쭈오 션머 꽁쭈어?

你做什么工作?
nǐ zuò shénme gōngzuò

워 싁 따쉬에셩

我是大学生。
wǒ shì dàxuésheng

니 더 아이하오 싁 션머?

你的爱好是什么?
nǐ de àihào shì shénme

워 더 아이하오 싁 뤼싱

我的爱好是旅行。
wǒ de àihào shì lǔxíng

워 쉬에시 한위

我学习汉语。
wǒ xuéxí hànyǔ

니 취구어 한구어 마?

你去过韩国吗?
nǐ qùguo hánguó ma

기초회화 자기소개

감사와 사과

감사합니다.

미안해요.

괜찮아요.

신세 많이 졌습니다.

수고하셨습니다.

기초회화 — 감사와 사과

씨에씨에
谢谢。
xièxie

뚜이부치 / 부하오이쓰
对不起。 / 不好意思。
duìbuqǐ　　　　　　bùhǎoyìsi

메이꽌시 / 메이셜
没关系。 / 没事儿。
méiguānxi　　　　méishìr

워 짠꽝 러 뿌샤오
我沾光了不少。
wǒ zhānguāng le bùshǎo

씬쿠 닌 러
辛苦您了。
xīnkǔ nín le

대답과 맞장구

예.

아니오.

맞아!

아니야!

알았어요.

맞다 对 뚜이   좋다 好 하오
틀리다 不对 부뚜이   싫다 不好 뿌하오

스
是。
shì

부스
不是。
búshì

뚜이
对!
duì

부뚜이
不对!
búduì

워 쯔따오
我知道。
wǒ zhīdào

모르겠어요.

잊어버렸어요.

괜찮아요?

좋네요.

싫어요.

정말이에요?

워 뿌 쯔따오

我不知道。
wǒ bù zhīdào

왕 러

忘了。
wàng le

하오 마? / 씽 마

好吗? / 行吗?
hǎo ma   xíng ma

하오 / 씽

好! / 行!
hǎo   xíng

뿌 하오 / 뿌 씽

不好! / 不行!
bù hǎo   bù xíng

쩐 더 마?

真的吗?
zhēn de ma

굉장해요!

재미있어요.

그래요?

그래요.

됐어요.

당연하죠.

랴오부치
了不起!
liǎobuqǐ

헌 요우 이쓰
很有意思。
hěn yǒu yìsi

쓰 마?
是吗?
shì ma

쓰 더
是的。
shìde

쑤안 러
算了。
suàn le

땅란 러
当然了。
dāngrán le

기분표현

귀찮아요.

너무 안타까워요.

배고파 죽겠어요.

더워 죽겠어요.

피곤해 죽겠어요.

배고프다 饿 으어
피곤하다 累 레이

덥다 热 르어
춥다 冷 렁

헌 마판

很麻烦!
hěn máfan

타이 커시 러

太可惜了。
tài kěxī le

으어 쓸 러

饿死了。
è sǐ le

르어 쓸 러

热死了。
rè sǐ le

레이 쓸 러

累死了。
lèi sǐ le

재수 없어!

신경 안 써요.

서두르지 마세요.

화내지 마세요.

이상해요!

파이팅!

쩐 따오메이
真倒霉!
zhēn dǎoméi

부짜이후
不在乎。
búzàihu

비에 쟈오지
别着急。
bié zháojí

비에 셩치
别生气。
bié shēngqì

쩐 치꽈이
真奇怪!
zhēn qíguài

찌아요우
加油!
jiāyóu

부탁하기

잘 부탁합니다.

좀 도와주시겠어요?

죄송해요. 못 들었어요.

좀 천천히 말해 주세요.

한 번 더 말해 주세요.

기다리다 等 덩
말하다 说 슈오

가르치다 教 쨔오
쓰다 写 시에
알리다 告诉 까오쑤

칭 뚜오뚜오 꽌쟈오

请多多关照。
qǐng duōduō guānzhào

칭 니 빵 워, 커이 마?

请你帮我，可以吗？
qǐng nǐ bāng wǒ   kěyǐ ma

뚜이부치, 워 팅부동

对不起，我听不清楚。
duìbuqǐ   wǒ tīng bù qīngchu

칭 만만더 슈오

请慢慢地说。
qǐng mànmànde shuō

칭 짜이 슈오 이비엔

请再说一遍。
qǐng zài shuō yíbiàn

여기에 써주세요.

잠깐 기다려 주세요.

이것 좀 가르쳐 주세요.

이건 무슨 뜻이에요?

조용히 해 주세요.

뭐 좀 물어봐도 될까요?

칭 시에 짜이 쩔

请写在这儿。
qǐng xiě zài zhèr

칭 샤오 덩 / 칭 덩 이샤

请稍等。/ 请等一下。
qǐngshāoděng　　qǐngděng yíxià

칭 까오쑤 워 쩌거

请告诉我这个。
qǐng gàosu wǒ zhège

쩌 싀 션머 이쓰?

这是什么意思?
zhè shì shénme yìsi

칭 안찡 이샤

请安静一下。
qǐng ānjìng yíxià

칭원

请问。
qǐngwèn

질문하기

지금 몇 시예요?

뭐예요?

왜요?

어디예요?

어느 쪽이에요?

여기 这里 쩌리
zhèli

저기/거기 那里 나리
nàli

기초회화 질문하기

시엔짜이 지 디엔?
现在几点?
xiànzài jǐ diǎn

싀 션머?
是什么?
shì shénme

웨이 션머?
为什么?
wèi shénme

짜이 날?
在哪儿?
zài nǎr

짜이 나비엔?
在哪边?
zài nǎbiān

기초회화

한국인	韩国人 Hánguórén	한구어런
일본인	日本人 Rìběnrén	르번런
중국인	中国人 Zhōngguórén	쭝구어런
미국인	美国人 Měiguórén	메이구어런
학생	学生 xuésheng	쉬에셩
선생님	老师 lǎoshī	라오스
회사원	公司职员 gōngsī zhíyuán	꽁쓰 즈위엔
공무원	公务员 gōngwùyuán	꽁우위엔
프리랜서	自由职业 zìyóu zhíyè	쯔요유 쯔예
디자이너	设计师 shèjìshī	셔찌스
작가	作家 zuòjiā	쭈오찌아

화가	画家 화찌아 (huàjiā)
음악가	音乐家 인위에찌아 (yīnyuèjiā)
사진사	摄影师 셔잉싀 (shèyǐngshī)
대단하다	了不起 랴부치 (liǎobuqǐ)
멋있다	帅 솨이 (shuài)
아름답다	漂亮 퍄오량 (piàoliang)
못생겼다	难看 난칸 (nánkàn)
덥다	热 르어 (rè)
춥다	冷 렁 (lěng)
재밌다	有意思 요우이쓰 (yǒuyìsi)
즐겁다	愉快 위콰이 (yúkuài)
기쁘다	高兴 까오씽 (gāoxìng)

귀엽다	可爱 커아이		멀다	远 위엔
신기하다	神奇 션치		젊다	年轻 니엔칭
이상하다	奇怪 치꽈이		늙다	老 라오
크다	大 따		딱딱하다	硬 잉
작다	小 샤오		부드럽다	软 루안
길다	长 창		밝다	亮 량
짧다	短 두안		어둡다	黑 헤이
무겁다	重 쫑		같다	一样 이양
가볍다	轻 칭		다르다	不一样 부이양
빠르다	快 콰이		마르다	瘦 쇼우
느리다	慢 만		뚱뚱하다	胖 팡
가깝다	近 찐			

출입국

출발
기내서비스
입국신고서
입국심사
짐 찾기
세관

출발

탑승권을 보여주시겠어요?

내 자리 어디예요?

지나가도 될까요?

여기 짐을 놓아도 될까요?

좌석벨트를 매세요.

짐 行李 씽리　　　자리 座位 쭈오웨이
탑승권 登机牌 떵찌파이　　창가 靠窗 카오촹

야오 칸 떵찌파이 마?
要看登机牌吗?
yào kàn dēngjīpái ma

워 더 쭈오웨이 짜이 날?
我的座位在哪儿?
wǒ de zuòwèi zài nǎr

커이 꾸오취 마?
可以过去吗?
kěyǐ guòqù ma

씽리 팡 짜이 쩔, 하오 마?
行李放在这儿好吗?
xínglǐ fàng zài zhèr hǎo ma

안췐따이 찌 하오 바
安全带系好吧!
ānquándài jì hǎo ba

출입국
출발

49

기내서비스

담요 좀 주세요.

베개 좀 주세요.

어떤 음료가 있나요?

커피 좀 더 주시겠어요?

물 주세요.

음료 饮料 인랴오 　　신문 报纸 빠오즈
커피 咖啡 카페이 　　담요 毛毯 마오탄

출입국 / 기내서비스

워 야오 마오탄
我要毛毯。
wǒ yào máotǎn

워 야오 전토우
我要枕头。
wǒ yào zhěntou

요우 션머 인랴오?
有什么饮料？
yǒu shénme yǐnliào

짜이 라이 이뻬이 카페이 마?
再来一杯咖啡吗？
zài lái yìbēi kāfēi ma

칭 게이 워 이뻬이 슈이
请给我一杯水。
qǐng gěi wǒ yìbēi shuǐ

51

식사는 언제 나와요?

닭고기와 생선 중에 뭘 드시겠어요?

생선으로 주세요.

식사는 필요없어요.

식사 끝나셨어요?

이것 좀 치워주시겠어요?

션머 스호우 츠판?
什么时候吃饭?
shénme shíhou chīfàn

찌로우 허 위 야오 츠 나거?
鸡肉和鱼要吃哪个?
jīròu hé yú yào chī nǎge

칭 용 위
请用鱼。
qǐng yòng yú

워 부야오 츠
我不要吃。
wǒ búyào chī

츠 완 러 마?
吃完了吗?
chī wán le ma

칭 쇼우스 이샤 마?
请收拾一下吗?
qǐng shōushi yíxià ma

출입국 | 기내서비스

입국신고서

입국신고서를 작성하세요.

작성하는 것 좀 도와주실래요?

펜 좀 빌릴 수 있을까요?

여기는 뭘 써야 하나요?

한 장 더 주세요.

펜 笔 삐
bǐ

입국신고서 入境卡 루찡카
rùjìngkǎ

작성하다 填写 텐시에
tiánxiě

출입국 입국신고서

칭 시에 루찡카

请写入境卡。
qǐng xiě rùjìngkǎ

넝 빵 워 쭈오 이샤 마?

能帮我做一下吗？
néng bāng wǒ zuò yíxià ma

넝 찌에 워 이샤 삐 마?

能借我一下笔吗？
néng jiè wǒ yíxià bǐ ma

짜이 쩌 리 시에 션머?

在这里写什么？
zài zhèlǐ xiě shénme

칭 게이 워 짜이 이짱

请给我再一张。
qǐng gěi wǒ zài yìzhāng

입국심사

여권을 보여주시겠어요?

입국목적이 무엇입니까?

관광이요.

얼마나 머무를 예정이세요?

일주일이요.

여행 旅行 뤼싱
lǚxíng

비즈니스 事务 싀우
shìwù

유학 留学 류쉬에
liúxué

관광 观光 꽌꽝
guānguāng

입국심사

칭 게이 워 칸 이샤 후짜오?
请给我看一下护照？
qǐng gěi wǒ kàn yíxià hùzhào

루찡더 무띠 싀 션머?
入境的目的是什么？
rùjìngde mùdì shì shénme

찌우싀 꽌꽝
就是观光。
jiùshì guānguāng

니 다쑤안 팅리우 뚜오창 싀찌엔?
你打算停留多长时间？
nǐ dǎsuàn tíngliú duōcháng shíjiàn

이 쪼우
一周。
yìzhōu

짐 찾기

짐을 어디에서 찾나요?

내 짐이 없어졌어요.

어느 비행기로 오셨어요?

수하물 표는 가지고 있나요?

제가 묵고 있는 호텔로 보내주세요.

비행기 飞机 fēijī 페이지
수하물표 行李票 xínglǐpiào 씽리퍄오

출입국 짐 찾기

씽리 자오 나리?
行李找哪里？
xínglǐ zhǎo nǎli

워더 씽리 쟈오부따오
我的行李找不到。
wǒde xínglǐ zhǎobúdào

쭈오 션머 페이지 라이더?
坐什么飞机来的？
zuò shénme fēijī láide

씽리퍄오 따이 라이 러 마?
行李票带来了吗？
xínglǐpiào dài lái le ma

칭 니 빵 워 쏭따오 워 쭈더 판디엔
请您帮我送到我住的饭店。
qǐng nín bāng wǒ sòngdào wǒ zhùde fàndiàn

세관

신고할 물건이 있나요?

없어요.

가방을 열어주세요.

이것은 세금을 내야 합니다.

얼마나 물어야 하나요?

신고	申报	션빠오
가방	包	빠오
세금	税金	슈이찐

출입국 세관

요우 션빠오더 똥시 마?
有申报的东西吗？
yǒu shēnbàode dōngxi ma

메이요우
没有。
méi yǒu

칭 다카이 빠오
请打开包。
qǐng dǎkāi bāo

쩌거 잉까이 푸 슈이찐
这个应该付税金。
zhège yīnggāi fù shuìjīn

야오 뚜오샤오 치엔?
要多少钱？
yào duōshao qián

61

출입국시

출발지	出发地 츄파띠 _{chūfādì}
도착지	到达地 따오다띠 _{dàodádì}
안전벨트	安全带 안췐타이 _{ānquándài}
국적	国籍 궈지 _{guójí}
비자	签证 치엔쩡 _{qiānzhèng}
여권	护照 후짜오 _{hùzhào}
비상구	太平门 타이핑먼 _{tàipíngmén}
화장실	厕所 처쑤오 _{cèsuǒ}
탑승구	登机口 떵찌코우 _{dēngjīkǒu}
탑승권	登机牌 떵찌파이 _{dēngjīpái}

숙박

체크인
프런트에서
객실에서
문제가 생겼을 때
체크아웃

체크인

예약을 해두었는데요.

빈 방 있어요?

전망 좋은 방으로 부탁해요.

하룻밤에 얼마예요?

아침 식사 포함이에요?

방 房间 팡찌엔 전망 前景 치엔찡
예약 预定 위띵 아침식사 早饭 쟈오판

숙박

체크인

워 이징 위띵 러 팡찌엔

我已经预定了房间。
wǒ yǐjing yùdìng le fángjiān

요우 콩 팡찌엔 마?

有空房间吗?
yǒu kōng fángjiān ma

칭 게이 워 치엔찡 메이하오더 팡찌엔

请给我前景美好的房间。
qǐng gěi wǒ qiánjǐng měihǎode fángjiān

이톈 뚜오샤오 치엔?

一天多少钱?
yìtiān duōshaoqián

빠오쿠오 쟈오판 마?

包括早饭吗?
bāokuò zǎofàn ma

여권을 보여주세요.

여기에 써 주세요.

감사합니다. 704호실입니다.

체크아웃은 몇 시예요?

키는 여기 있습니다.

짐을 들어 주시겠어요?

칭 게이 워 칸 이샤 니더 후짜오

请给我看一下你的护照。
qǐng gěi wǒ kàn yíxià nǐde hùzhào

칭 시에 짜이 쩔

请写在这儿。
qǐng xiě zài zhèr

씨에씨에 닌, 스 치링쓰 하오

谢谢您，是704号。
xièxie nín shì qīlíngsì hào

투이팡 쇼우쉬 따오 지뎬 웨이쯔?

退房手续到几点为止？
tuìfáng shǒuxù dào jǐdiǎn wéizhǐ

쩌스 팡찌엔 야오스

这是房间钥匙。
zhèshì fángjiān yàoshi

빵 워 바 씽리 빤 꾸어라이 하오 마?

帮我把行李搬过来好吗？
bāng wǒ bǎ xínglǐ bān guòlái hǎo ma

숙박

체크인

프런트에서

영어 하세요?

조금요.

못해요.

귀중품을 맡기고 싶은데요.

옷을 찾고 싶은데요.

한국어	韩语 hányǔ	한위
중국어	汉语 hànyǔ	한위
영어	英语 yīngyǔ	잉위

니 후이 슈오 잉위 마?

你会说英语吗?
nǐ huì shuō yīngyǔ ma

이디엔디엔

一点点。
yìdiǎndiǎn

워 부 후이 슈오 잉위

我不会说英语。
wǒ bú huì shuō yīngyǔ

워 야오 빠오춘 워더 꾸이쫑우핀

我要保存我的贵重物品。
wǒ yào bǎocún wǒde guìzhòngwùpǐn

워 샹 야오 취 워더 이푸

我想要取我的衣服。
wǒ xiǎng yào qǔ wǒde yīfu

숙박

프런트에서

레스토랑은 몇 층이에요?

인터넷을 이용할 수 있어요?

한국에 전화하고 싶은데요.

이걸 항공우편으로 보내고 싶어요.

환전 가능해요?

근처에 한국음식점이 있나요?

찬팅 짜이 지 로우?

餐厅在几楼?
cāntīng zài jǐ lóu

커이 용 샹왕 마?

可以用上网吗?
kěyǐ yòngshàngwǎng ma

워 샹 게이 한구어 다 띠엔화

我想给韩国打电话。
wǒ xiǎng gěi Hánguó dǎ diànhuà

워 샹 찌 항콩씬

我想寄航空信。
wǒ xiǎng jì hángkōngxìn

넝뿌넝 환 치엔?

能不能换钱?
néngbùnéng huànqián

쩌 푸진 요우메이요우 한구어 식탕?

这附近有没有韩国食堂?
zhè fùjìn yǒuméiyǒu hánguó shítáng

숙박

프런트에서

객실에서

여보세요, 305호실입니다.

룸서비스 부탁해요.

구두를 닦고 싶어요.

세탁 좀 부탁해요.

(노크소리)누구세요?

시트 床单 촹딴
chuángdān

수건 毛巾 마오찐
máojīn

세탁 洗衣 시이
xǐyī

숙박 객실에서

웨이, 워 싁 싼링우 하오
喂，我是305号的。
wéi wǒ shì sānlingwǔ hào de

워 야오 쏭찬 푸우
我要送餐服务。
wǒ yào sòngcān fúwù

워 샹 야오 차 피시에
我想要擦皮鞋。
wǒ xiǎng yào cā píxié

워 야오 시 이 푸우
我要洗衣服务。
wǒ yào xǐ yī fúwù

쉐이 야?
谁呀？
shéi ya

룸서비스가 아직 안 왔어요.

샌드위치와 커피 부탁해요.

테이블 위에 놓아주세요.

얼음 좀 주세요.

모닝콜 해주세요.

아침 8시에 식사를 부탁해요.

워 야오 더 쏭찬 푸우 하이메이 쏭 라이

我要的送餐服务还没送来。
wǒ yàode sòngcān fúwù háiméi sòng lái

워 야오 싼밍쯔 허 카페이

我要三明治和咖啡。
wǒ yào sānmíngzhì hé kāfēi

칭 팡짜이 쭈오즈 샹

请放在桌子上。
qǐng fàngzài zhuōzi shàng

칭 쏭 이뎬 삥콰이 라이

请送一点冰块来。
qǐngsòng yìdiǎn bīngkuài lái

워 야오 찌아오싱 푸우

我要叫醒服务。
wǒ yào jiàoxǐng fúwù

쟈오샹 빠뎬 칭 바 쟈오판 쏭따오 워더 팡찌엔

早上8点请把早饭送到我的房间。
zǎoshangbādiǎnqǐng bǎ zǎofàn sòngdào wǒde fángjiān

숙박

객실에서

문제가 생겼을 때

저기요. 죄송한데요.

무슨 일이시죠?

방에 키를 두고 나왔어요.

전기가 안 들어와요.

화장실이 고장났어요.

변기 便器 삐엔치
면도기 剃须刀 티쉬따오
드라이기 吹风机 추이펑찌
텔레비전 电视机 띠엔스찌

웨이, 라오찌아

喂，劳驾。
wèi láojià

닌 요우 션머 싁?

您有什么事？
nín yǒu shénme shì

워 바 야오싁 왕 짜이 팡찌엔 리 러

我把钥匙忘在房间里了。
wǒ bǎ yàoshi wàng zài fángjiān lǐ le

메이 뎬

没电。
méi diàn

처쑤오 화이 러

厕所坏了。
cèsuǒ huài le

숙박 문제가 생겼을 때

뜨거운 물이 안 나와요.

에어컨이 안 들어와요.

냉장고가 고장났어요.

빨리 해주세요.

방을 바꿔주세요.

의사를 불러주세요.

뿌추 르어슈이
不出热水。
bùchū rèshuǐ

콩탸오 요우 마오삥
空调有毛病。
kōngtiáo yǒu máobìng

삥샹 화이 러
冰箱坏了。
bīngxiāng huài le

칭 콰이 이디얼 바
请快一点儿吧。
qǐngkuài yìdiǎnr ba

칭 게이 워 환 거 팡찌엔
请给我换个房间。
qǐng gěi wǒ huàn ge fángjiān

칭 쨔오 이성 라이
请叫医生来。
qǐng jiào yīshēng lái

숙박 문제가 생겼을 때

체크아웃

체크아웃 부탁해요.

짐을 내려다 주세요.

카드로 계산할게요.

이 카드 사용 가능해요?

이건 무슨 요금이에요?

1박	一夜	이예
	yīyè	
2박	两夜	량예
	liǎngyè	

숙박 체크아웃

워 야오 투이팡

我要退房。
wǒ yào tuìfáng

칭 바 싱리 빤 시아 취

请把行李搬下去。
qǐng bǎ xíngli bān xià qù

용 신용카 푸

用信用卡付。
yòng xìnyòngkǎ fù

쩌거 카 커이 용 마?

这个卡可以用吗?
zhège kǎ kěyǐ yòng ma

쩌 싀 션머 페이?

这是什么费?
zhè shì shénme fèi

계산이 잘못된 것 같은데요.

영수증 주세요.

택시 좀 불러주세요.

방에 두고 온 물건이 있는데요.

하루 더 연장하고 싶어요.

5시까지 짐을 좀 맡아주세요.

워 쥐에더 쩌거 지쑤안 추오 러

我觉得这个计算错了。
wǒ juéde zhège jìsuàn cuò le

칭 게이 워 파 퍄오

请给我发票。
qǐng gěi wǒ fā piào

칭 빵 워 찌아오 츄주쳐

请帮我叫出租车。
qǐngbāng wǒ jiào chūzūchē

워 바 똥시 왕 짜이 팡찌엔 리 러

我把东西忘在房间里了。
wǒ bǎ dōngxi wàng zài fángjiān lǐ le

하이 쭈 이텐

还住一天。
hái zhù yìtiān

쩌거 싱리 춘따오 샤우 우뎬, 커이 마?

这个行李存到下午五点,可以吗?
zhège xínglǐ cúndào xiàwǔ wǔdiǎn kěyǐ ma

숙박

체크아웃

숙박

호텔	宾馆 삔관	변기	便器 삐엔치
여관	旅馆 뤼관	타올	毛巾 마오찐
체크인	登记 떵찌	화장지	卫生纸 웨이셩쯔
체크아웃	退房 튀이팡	면도기	剃须刀 티쉬따오
싱글룸	单人间 딴런찌엔	담요	毛毯 마오탄
트윈룸	双人间 슈왕런찌엔	베개	枕头 쩐토우
스위트룸	套间 타오찌엔	옷장	衣橱 이츄
식당	食堂 싀탕	텔레비전	电视机 띠엔싀찌
수영장	游泳场 요우용창	전등	电灯 띠엔떵
욕조	浴缸 위깡	드라이기	吹风机 추이펑찌
		열쇠	钥匙 야오싀

식 사

정보입수
음식점에서
식사중에
패스트푸드
술집에서
찻집에서
계산

정보입수

배가 고파요.

중국요리를 먹고 싶어요.

좋은 음식점 소개해 주세요.

예약 할 수 있어요?

약도를 그려주시겠어요?

양식	西餐 xīcān	시찬
중식	中餐 zhōngcān	쫑찬
일식	日餐 rìcān	르찬

워 으어 러
我饿了。
wǒ è le

워 샹 츠 쭝구어 차이
我想吃中国菜。
wǒ xiǎng chī zhōngguó cài

칭 게이 워 찌에샤오 이샤 하오 찬팅
请给我介绍一下好餐厅。
qǐng gěi wǒ jièshào yíxia hǎo cāntīng

커이 위띵 마?
可以预定吗?
kěyǐ yùdìng ma

넝 게이 워 화 이짱 띠투 마?
能给我画一张地图吗?
néng gěi wǒ huà yìzhāng dìtú ma

식사 정보입수

여기서 걸어갈 수 있어요?

어떻게 가나요?

이곳 특유의 요리를 먹고 싶어요.

싸고 맛있는 가게를 알려주세요.

몇 시까지 영업해요?

근처에 한국식당 있어요?

커이 조우 져 취 마?

可以走着去吗?
kěyǐ zǒu zhe qù ma

젼머 조우?

怎么走?
zěnme zǒu

워 샹 츠 쪄리 더 터차이

我想吃这里的特菜。
wǒ xiǎng chī zhèlǐ de tècài

니 까오쑤 워 요우 피엔이 요우 하오츠 더 싀탕

你告诉我又便宜又好吃的食堂。
nǐ gàosu wǒ yòu piányi yòu hǎochī de shítáng

지 뎬 꽌 먼?

几点关门?
jǐ diǎn guānmén

쪄 푸진 요우 메이 요우 한구어 싀탕?

这附近有没有韩国食堂?
zhè fùjìn yǒu méi yǒu hánguó shítáng

음식점에서

7시에 예약했어요.

지금 자리가 없습니다.

몇 분이십니까?

이쪽으로 오십시오.

메뉴 좀 보여주세요.

접시 **碟子** 디에즈
diézi

컵 **杯子** 뻬이즈
bēizi

젓가락 **筷子** 콰이즈
kuàizi

워 위띵 러 치뗀
我预定了7点。
wǒ yùdìng le qīdiǎn

시엔짜이 메이요우 쭈오웨이
现在没有座位。
xiànzài méiyǒu zuòwèi

니먼 지 웨이?
你们几位?
nǐmen jǐ wèi

칭 껀 워 라이
请跟我来。
qǐng gēn wǒ lái

칭 게이 워 차이딴
请给我菜单。
qǐng gěi wǒ càidān

식사

음식점에서

주문은 뭘로 하시겠습니까?

잠깐만 기다려 주세요.

저기요, 주문 좀 받아주세요.

저거랑 같은 걸로 주세요.

오늘의 요리는 뭐예요?

이건 주문한 요리가 아니에요.

닌 뎬 션머 차이?

您点什么菜?
nín diǎn shénme cài

덩 이샤 바

等一下吧!
děng yíxià ba

푸우위엔, 워 야오 뎬차이

服务员，我要点菜。
fúwùyuán　　wǒ yào diǎncài

게이 워 껀 나거 이양더

给我跟那个一样的。
gěi wǒ gēn nàge yíyàng de

찐톈 더 차이 싀 션머?

今天的菜是什么?
jīntiān de cài shì shénme

쩌 부싀 워 뎬더 차이

这不是我点的菜。
zhè búshì wǒ diǎnde cài

식사

음식점에서

식사중에

잘 먹겠습니다.

요리가 아직 안 나왔어요.

금방 나와요?

이건 어떻게 먹어요?

이 요리는 재료가 뭐예요?

맛있다 好吃 하오츠
hǎochī

물 水 슈이
shuǐ

포장 打包 다빠오
dǎbāo

워 야오 츠 러
我要吃了。
wǒ yào chī le

워 뎬더 차이 하이메이 라이
我点的菜还没来。
wǒ diǎnde cài háiméi lái

쩌 차이 넝 마샹 쭈오 하오 마?
这菜能马上做好吗?
zhè cài néngmǎshàng zuò hǎo ma

쩌거 전머 츠 너?
这个怎么吃呢?
zhège zěnme chī ne

쩌 차이 더 차이랴오 싀 션머?
这菜的材料是什么?
zhè cài de cáiliào shì shénme

식사

식사중에

물 좀 주세요.

냉수를 부탁해요.

이거 맛있겠다.

잘 먹었습니다.

이건 포장해 주세요.

이걸로 할게요.

칭 게이 워 슈이
请给我水。
qǐng gěi wǒ shuǐ

칭 게이 워 렁슈이
请给我冷水。
qǐng gěi wǒ lěngshuǐ

하오샹 헌 하오츠
好像很好吃!
hǎoxiàng hěn hǎochī

츠 하오 러
吃好了。
chī hǎo le

쩌거, 칭 다빠오
这个，请打包。
zhège qǐng dǎbāo

워 야오 쩌거
我要这个。
wǒ yào zhège

식사

식사중에

술집에서

맥주 한 병 주세요.

안주는 어떤 게 있어요?

얼음하고 물 주세요.

건배!

약간 취했어요.

맥주 啤酒 피지우
안주 酒菜 지우차이
전통주 传统酒 촨퉁지우

칭 시엔 라이 이핑 피지우
请先来一瓶啤酒。
qǐngxiān lái yìpíng píjiǔ

요우 션머 지우차이?
有什么酒菜?
yǒu shénme jiǔcài

칭 게이 워 삥콰이 허 슈이
请给我冰块和水。
qǐng gěi wǒ bīngkuài hé shuǐ

깐뻬이
干杯!
gānbēi

워 요우디얼 쭈이 러
我有点儿醉了。
wǒ yǒudiǎnr zuì le

식사

술집에서

찻집에서

뜨거운 커피 주세요.

중국에는 어떤 전통차가 있어요?

가져갈 수 있어요?

리필 되나요?

한 잔 더 주세요.

녹차 绿茶 뤼차
lǜchá
우롱차 乌龙茶 우롱차
wūlóngchá
보이차 普洱茶 푸얼차
pǔ'ěrchá

칭 게이 워 르어 카페이
请给我热咖啡。
qǐng gěi wǒ rè kāfēi

짜이 쯍구어 요우 션머 촨통차?
在中国有什么传统茶?
zài zhōngguó yǒu shénme chuántǒng chá

커이 따이 조우 마?
可以带走吗?
kěyǐ dài zǒu ma

칭 닌 짜이 찌아 이디엔?
请您再加一点?
qǐng nín zài jiā yìdiǎn

짜이 라이 이뻬이
再来一杯。
zài lái yìbēi

식사

찻집에서

계산

계산해 주세요.

전부 얼마예요?

따로따로 내고 싶은데요.

제가 낼게요.

거스름돈이 틀려요.

계산 计算 찌쑤안
jìsuàn

전부 一共 이꽁
yígòng

거스름돈 找钱 자오치엔
zhǎoqián

지에짱

结帐!
jiézhàng

이꽁 뚜오샤오 치엔?

一共多少钱?
yígòng duōshaoqián

워먼 샹 펀카이 푸

我们想分开付。
wǒmen xiǎng fēnkāi fù

워 칭 커

我请客。
wǒ qǐng kè

니 쟈오 치엔 추오 러

你找钱错了。
nǐ zhǎoqián cuò le

식사

계산

양념

소금	盐 옌 yán
설탕	糖 탕 táng
간장	酱油 찌앙요우 jiàngyóu
된장	酱 찌앙 jiàng
겨자	芥菜 찌에차이 jiècài
식초	醋 추 cù
후추	胡椒 후쨔오 hújiāo
참기름	香油 샹요우 xiāngyóu
드레싱	沙拉酱 샤라찌앙 shālājiàng

이 동

길을 물을 때
지하철
버스
고속버스여행
택시

길을 물을 때

실례합니다.

길을 좀 가르쳐 주세요.

~에 가려고 해요.

지하철역이 어디예요?

~는 어느 쪽이에요?

지하철 地铁 **띠티에**
dìtiě

택시 打的 **다띠**
dǎdī

버스 公共汽车 **꽁꽁치쳐**
gōnggòngqìchē

칭 원
请问。
qǐngwèn

칭 게이 워 땅 샹따오 커이마?
请给我当向导，可以吗?
qǐng gěi wǒ dāngxiàngdǎo　kěyǐ ma

워 샹 야오 취~
我想要去 ~。
wǒ xiǎng yào qù

띠티에짠 짜이 날?
地铁站在哪儿?
dìtiězhàn zài nǎr

~ 나비엔?
~, 在哪边?
zài nǎbiān

이동

길을 물을 때

107

이 근처에 ~가 있어요?

이 지도에서 여기가 어디예요?

동물원까지 어떻게 가나요?

시간이 얼마나 걸려요?

여기서 멀어요?

걸어갈 수 있어요?

쩌 푸진 요우 메이 요우 ~?
这附近有没有 ~?
zhè fùjìn yǒu méi yǒu

쩌 띠투 리, 쩌 싀 션머 띠팡?
这地图里，这是什么地方?
zhè dìtú lǐ zhè shì shénme dìfang

따오 똥우위엔 젼머 조우?
到动物园怎么走?
dào dòngwùyuán zěnme zǒu

쉬야오 뚜오창 싀찌엔?
需要多长时间?
xūyào duōcháng shíjiān

리 쩔 위엔 마?
离这儿远吗?
lí zhèr yuǎn ma

넝 조우 저 취 마?
能走着去吗?
néng zǒu zhe qù ma

이동 | 길을 물을 때

지하철

표 사는 곳이 어디예요?

저쪽 자동판매기에서 빼면 돼요.

지하철 노선도 있어요?

이거 타면 ~에 가나요?

~선은 어디서 갈아타요?

표 票 퍄오
piào
역 站 짠
zhàn
막차 末班车 모어빤쳐
mòbānchē

짜이 날 마이 퍄오?

在哪儿买票?
zài nǎr mǎi piào

짜이 나비엔 더 마이퍄오찌 샹 넝 마이따오 퍄오

在那边的买票机上能买到票。
zài nàbiān de mǎipiàojī shàng néng mǎidào piào

요우 띠티에 루시엔투 마?

有地铁路线图吗?
yǒu dìtiě lùxiàntú ma

쭈오 쩌거, 취~ 마?

坐这个, 去~吗?
zuò zhège qù ma

~시엔, 짜이 날 후안 쳐?

~线, 在哪儿换车?
xiàn zài nǎr huàn chē

이동

지하철

다음 역이 ~인가요?

두 장 주세요.

국립박물관은 어디로 나가요?

~역까지 얼마예요?

막차가 언제예요?

보관함은 어디 있어요?

시아 이 짠 스 ~, 뚜이 마?

下一站是~，对吗？
xià yí zhàn shì　　dui ma

워 야오 량 짱

我要两张。
wǒ yào liǎngzhāng

구어리 보우구안 스 지 하오 추코우?

国立博物馆是几号出口？
guólì bówùguǎn shì jǐ hào chūkǒu

따오 ~ 짠 뚜오샤오 치엔?

到 ~站多少钱？
dào　　zhànduōshaoqián

모어빤쳐 지 뎬 리카이?

末班车几点离开？
mòbānchē jǐ diǎn líkāi

찌춘츄 짜이 날?

寄存处在哪儿？
jìcúnchù zài nǎr

이동

지하철

113

버스

~행 버스는 어디서 타요?

몇 번 버스 타면 돼요?

이 버스 타면 ~ 가요?

다음 버스는 언제 와요?

내려요!

내리다 下车 샤쳐
xià chē

버스정류장 停车站 팅쳐짠
tíngchēzhàn

타다 上车 상쳐
shàng chē

취 ~ 더 치쳐 짜이 날 쭈오 쳐?
去~的汽车在哪儿坐车?
qù de qìchē zài nǎr zuò chē

워 잉까이 쭈오 지 루 치쳐?
我应该坐几路汽车?
wǒ yīnggāi zuò jǐ lù qìchē

쩌 량 꽁쳐 취 부 취 ~?
这辆公车去不去 ~?
zhè liàng gōngchē qù bú qù

시아거 꽁쳐 션머 싀호우 라이?
下个公车什么时候来?
xiàge gōngchē shénme shíhòu lái

워 야오 시아 쳐
我要下车!
wǒ yào xià chē

이동

버스

고속버스여행

고속버스터미널은 어디예요?

~행은 몇 시에 있어요?

다음 버스는 몇 시예요?

~행 어디서 타요?

1번 승차장이 어디예요?

터미널 停车站 팅쳐짠
　　　　tíngchēzhàn
휴게소 休息室 슈시싀
　　　　xiūxishì

까오쑤 바싀 팅쳐짠 짜이 날?
高速巴士停车站在哪儿?
gāosù bāshì tíngchēzhàn zài nǎr

취 ~더 빠싀 라이 지 뎬?
去~的巴士来几点?
qù de bāshì lái jǐ diǎn

시아거 빠싀 라이 지 뎬?
下个巴士来几点?
xiàge bāshì lái jǐ diǎn

취 ~ 더 빠싀 짜이 날 샹 쳐?
去~的巴士在哪儿上车?
qù de bāshì zài nǎr shàng chē

이하오 더 쳥쳐챵 짜이 날?
1号的乘车场在哪儿?
yīhào de chéngchēchǎng zài nǎr

이동

고속버스여행

택시

어디로 가세요?

이 주소로 가주세요.

~ 호텔까지 부탁해요.

트렁크에 짐을 실어도 되나요?

공항까지 얼마나 나와요?

주소 地址 띠즈
dìzhǐ

트렁크 行李箱 싱리샹
xínglǐxiāng

공항 机场 찌창
jīchǎng

니 취 날?
你去哪儿?
nǐ qù nǎr

칭 취 쩌 띠즈
请去这地址。
qǐng qù zhè dìzhǐ

칭 따오 ~ 삔구안
请到~宾馆。
qǐng dào   bīnguǎn

커이 쫭짜이 짜이 씽리샹 마?
可以装载在行李箱吗?
kěyǐ zhuāngzài zài xīnglǐxiāng ma

따이 찌창 야오 뚜오샤오 치엔?
到机场要多少钱?
dào jīchǎng yào duōshao qián

이동

택시

시내를 한 바퀴 돌아주세요.

여기 세워주세요.

여기서 기다려 주세요.

1시간 후에 다시 와주세요.

서둘러 주세요.

(돈을 내면서)여기 있어요.

칭 라오 이샤 스네이 이취안

请绕一下市内一圈。
qǐng rào yíxià shìnèi yìquān

팅쳐 바

停车吧!
tíngchē ba

짜이 쩔 덩 워

在这儿等我。
zài zhèr děng wǒ

이거 샤오스 이호우 짜이 라이 바

1个小时以后再来吧。
yígè xiǎoshí yǐhòu zài lái ba

칭 콰이 디얼

请快点儿!
qǐngkuài diǎnr

푸 치엔

付钱。
fù qián

이동

택시

택시	打的 다띠	dǎdī
지하철	地铁 띠티에	dìtiě
기차	火车 훠쳐	huǒchē
배	船 촨	chuán
버스	公共汽车 꽁꽁치쳐	gōnggòngqìchē
리무진버스	机场班车 찌창빤쳐	jīchǎngbānchē
고속버스	高速巴士 까오쑤빠스	gāosùbāshì
투어버스	旅游车 뤼요우쳐	lǚyóuchē
버스정류장	停车站 팅쳐짠	tíngchēzhàn
버스터미널	汽车站 치쳐짠	qìchēzhàn

좌석	座位 *zuòwèi*	쭈오웨이
짐	行李 *xínglǐ*	씽리
창가쪽좌석	靠窗座位 *kàochuāngzuòwèi*	카오촹쭈오웨이
노약자보호석	老弱病残孕专座 *lǎoruòbìngcányùn zhuānzuò*	라오루오삥찬윈 쫜쭈오
주유소	加油站 *jiāyóuzhàn*	찌아요우짠
시간표	时间表 *shíjiānbiǎo*	스찌엔뱌오
전화카드	电话卡 *diànhuàkǎ*	띠엔화카
국제전화	国际电话 *guójì diànhuà*	구오찌 띠엔화
주차장	停车场 *tíngchēchǎng*	팅쳐창
무료	免费 *miǎnfèi*	미엔페이
유료	收费 *shōufèi*	쇼우페이

빈 차	空车	콩쳐 kōngchē
만차	满车	만쳐 mǎnchē
입구	入口	루코우 rùkǒu
출구	出口	츄코우 chūkǒu
주차금지구역	禁止停车区域	찐쯔팅쳐취위 jìnzhǐ tíngchē qūyù
장애인전용	残疾人专用	찬찌런 쭌용 cánjírén zhuānyòng
고객전용	顾客专用	꾸커 쭌용 gùkè zhuānyòng

관광

관광안내소에서
관광지에서
사진 찍기
박물관·미술관 관람

관광안내소

관광안내소는 어디 있어요?

시내지도 있어요?

안내책자 있어요?

가장 가볼 만한 곳은 어디인가요?

전철로 갈 수 있나요?

시내지도 市内地图 쓰네이 띠투
shìnèi dìtú

유적지 遗迹地 이찌띠
yíjìdì

팜플렛 小册子 샤오쳐쯔
xiǎocèzi

뤼요우 씬시쭁신 짜이 날?
旅游信息中心在哪儿?
lǚyóu xìnxīzhōngxīn zài nǎr

요우 쓰네이 띠투 마?
有市内地图吗?
yǒu shìnèi dìtú ma

요우 뤼요우 쇼우처 마?
有旅游手册吗?
yǒu lǚyóu shǒucè ma

쭈이 하오 취더 디팡 쓰 날 리?
最好去的地方是哪里?
zuì hǎo qù de dìfang shì nǎ lǐ

커이 쭤오 띠티에 취 마?
可以坐地铁去吗?
kěyǐ zuò dìtiě qù ma

관광

관광안내소

버스시간표 주세요.

여기서 예약할 수 있어요?

경극을 보고 싶어요.

시내 투어버스 있어요?

이 투어 신청하고 싶은데요.

가이드를 고용할 수 있나요?

칭 게이 워 바싀 싀커뱌오

请给我巴士时刻表。
qǐng gěi wǒ bāshì shíkèbiǎo

짜이 쩔 넝 위띵 마?

在这儿能预定吗?
zài zhèr néng yùdìng ma

워 샹 칸 찡쮜

我想看京剧。
wǒ xiǎng kàn jīngjù

요우 싀네이 뤼요우쳐 마?

有市内旅游车吗?
yǒu shìnèi lǚyóuchē ma

워 샹 찬찌아 쩌거 뤼요우투안

我想参加这个旅游团。
wǒ xiǎng cānjiā zhège lǚyóutuán

커이 꾸용 다오요우 마?

可以雇佣导游吗?
kěyǐ gùyòng dǎoyóu ma

관광

관광안내소

관광지에서

입장권은 어디서 사요?

어른 두 장, 어린이 한 장 주세요.

학생할인은 안 되나요?

흡연구역이 어디예요?

기념품은 어디서 팔아요?

입장권 门票 먼퍄오
mēnpiào

할인 打折 다져
dǎzhé

기념품 纪念品 찌니엔핀
jìniànpǐn

먼퍄오 짜이 날 마이?

门票在哪儿卖?
ménpiào zài   nǎr   mài

따런 량짱, 샤오하이 이짱

大人两张，小孩一张。
dàrén liǎngzhāng   xiǎohái yìzhāng

쉬에셩 커이 다져 마?

学生可以打折吗?
xuésheng kěyǐ   dǎzhé   ma

짜이 날 커이 시옌 마?

在哪儿可以吸烟吗?
zài   nǎr   kěyǐ   xīyān   ma

찌니엔핀 짜이 날 마이?

纪念品在哪儿卖?
jìniànpǐn   zài   nǎr   mǎi

관광

관광지에서

사진 찍기

사진 좀 찍어주시겠어요?

여길 누르면 돼요.

함께 사진을 찍어도 될까요?

근처에 사진관이 있나요?

1, 2, 3, 치~즈!

사진 照片 쟈오피엔
함께 一起 이치
찍다 拍 파이

칭 빵 워 파이 이샤 마?
请帮我拍一下吗?
qǐng bāng wǒ pāi yíxià ma

안 쩔 찌우 커이 러
按这儿就可以了。
àn zhèr jiù kěyǐ le

워 껀 니 이치 파이 쟈오피엔, 커이 마?
我跟你一起拍照片, 可以吗?
wǒ gēn nǐ yìqǐ pāi zhàopiàn kěyǐ ma

쩌리 푸진 요우 메이 요우 쟈오샹구안?
这里附近有没有照相馆?
zhèlǐ fùjìn yǒu méi yǒu zhàoxiāngguǎn

이, 얼, 싼, 치에즈!
一, 二, 三, 茄子!
yī èr sān qiézi

관광

사진 찍기

박물관 · 미술관

입장료가 얼마예요?

입구는 어디예요?

안에서 사진 찍어도 돼요?

괜찮아요.

사진촬영은 안 돼요.

입구 入口 **루코우**
출구 出口 **츄코우**

먼퍄오 뚜오샤오 치엔?
门票多少钱?
ménpiào duōshao qián

루코우 짜이 날?
入口在哪儿?
rùkǒu zài nǎr

짜이 리미엔 커이 파이 쨔오피엔 마?
在里面可以拍照片吗?
zài lǐmiàn kěyǐ pāi zhàopiàn ma

커이
可以。
kěyǐ

뿌 커이
不可以。
bù kěyǐ

그림엽서 있어요?

몇 시까지 해요?

안내 팸플릿 있어요?

조용히 해주세요.

손대지 마세요.

짐을 맡기고 싶은데요.

요우 화피엔 마?

有画片吗?
yǒu huàpiàn ma

지 뎬 꾸안 먼?

几点关门?
jǐ diǎn guānmén

요우 샹다오처 마?

有向导册吗?
yǒu xiàngdǎocè ma

칭 안찡 이샤

请安静一下。
qǐng ānjìng yíxià

칭 우 똥 쇼우

请勿动手。
qǐng wù dòngshǒu

워 샹 찌춘 워더 싱리

我想寄存我的行李。
wǒ xiǎng jìcún wǒde xínglǐ

관광 박물관·미술관

관람

지금 표를 살 수 있어요?

앞자리로 부탁해요.

좌석이 매진되었습니다.

이 자리 비어 있어요?

여기 제 자리예요.

매진 卖完 마이완
좌석 位子 웨이즈

워 시엔짜이 넝 취 마이 퍄오 마?
我现在能去买票吗?
wǒ xiànzài néng qù mǎi piào ma

워 야오 치엔파이 더
我要前排的。
wǒ yào qiánpái de

이징 마이 완 러
已经卖完了。
yǐjing mài wán le

쩌거 웨이즈 요우 런 라이 마?
这个位子有人来吗?
zhège wèizi yǒu rén lái ma

쩌 싀 워더 쭈오웨이
这是我的座位。
zhè shì wǒ de zuòwèi

관광

관람

체험관광	体验观光	티옌 꽌꽝
	tǐyàn guānguāng	
축제	庆祝会	칭쭈후이
	qìngzhùhuì	
미술관	美术馆	메이슈꽌
	měishùguǎn	
박물관	博物馆	보어우꽌
	bówùguǎn	
동물원	动物园	똥우위엔
	dòngwùyuán	
영화관	电影馆	띠엔잉꽌
	diànyǐngguǎn	
절	寺庙	쓰먀오
	sìmiào	
공원	公园	꽁위엔
	gōngyuán	
경기장	比赛场	비싸이창
	bǐsàichǎng	
전망대	了望台	랴오왕타이
	liǎowàngtái	

쇼 핑

환전
가게에서
옷 사기
구두 사기
값을 깎을 때
계산하기
교환 · 환불

환전

환전소 어디예요?

인민폐로 환전해 주세요.

잔돈으로 바꿔주세요.

오늘 환율이 얼마인가요?

이것을 현금으로 바꿔주세요.

환전소 兑换处 뚜이환츄
duìhuànchù
현금 现金 시엔찐
xiànjīn
인민폐 人民币 런민비
rénmínbì

뚜이환츄 짜이 날?

兑换处在哪儿?
duìhuànchǔ zài nǎr

칭 환청 런민비

请换成人民币。
qǐnghuànchéng rénmínbì

칭 환청 링치엔 바

请换成零钱吧。
qǐnghuànchéng língqián ba

찐티엔 후이뤼 싀 뚜오샤오?

今天的汇率是多少?
jīntiān de huìlǜ shì duōshao

쩌거 환 시엔찐

这个换现金。
zhège huàn xiànjīn

쇼핑

환전

가게에서

어서 오세요.

찾으시는 게 있으세요?

그냥 구경 좀 하려고요.

저거 보여주세요.

만져봐도 돼요?

이것	这个	쩌거
	zhège	
저것	那个	나거
	nàge	
그것	那个	나거
	nàge	

환잉 꽝린

欢迎光临!
huānyíng guānglín

닌 쉬야오 마이 디엔 션머?

您需要买点什么?
nín xūyào mǎi diǎn shénme

즈스 칸칸

只是看看。
zhǐshì kànkan

게이 워 칸칸 나거

给我看看那个。
gěi wǒ kànkan nàge

커이 모어 이샤 마?

可以摸一下吗?
kěyǐ mō yíxià ma

쇼핑 / 가게에서

145

이거 얼마예요?

전부 얼마예요?

비싸네요.

좀 더 싼 거 없어요?

이거 주세요.

이 지역의 특산품은 뭐예요?

쩌거 뚜오샤오 치엔?

这个多少钱?
zhège duōshaoqián

이꽁 뚜오샤오 치엔?

一共多少钱?
yígòng duōshaoqián

타이 꾸이 러

太贵了。
tài guì le

요우 짜이 피엔이 더 마?

有再便宜的吗?
yǒu zài piányi de ma

워 야오 쩌거

我要这个。
wǒ yào zhège

쩌거 띠팡 더 터챤핀 싀 션머?

这个地方的特产品是什么?
zhège dìfang de tèchǎnpǐn shì shénme

쇼핑

가게에서

이 책을 찾고 있어요.

선물을 사고 싶은데요.

포장해 주실 수 있어요?

가격표는 떼어 주세요.

따로따로 포장해 주세요.

한국으로 부쳐주세요.

워 쟈오 쩌 번 슈
我找这本书。
wǒ zhǎo zhè běn shū

워 샹 마이 리우
我想买礼物。
wǒ xiǎng mǎi lǐwù

커이 바오쫭 마?
可以包装吗?
kěyǐ bāozhuāng ma

칭 찌에 이샤 뱌오찌아카
请揭一下标价卡。
qǐng jiē yíxià biāojiàkǎ

칭 펀카이 바오쫭
请分开包装。
qǐng fēnkāi bāozhuāng

칭 찌따오 한구어
请寄到韩国。
qǐng jìdào hánguó

쇼핑

가게에서

옷 사기

입어봐도 돼요?

탈의실 어디예요?

이거 옷감이 뭐예요?

딱 맞아요.

너무 커요.

크다 太 타이
tài
작다 小 샤오
xiǎo
입다 穿 촨
chuān

커이 싀 촨 이샤 마?
可以试穿一下吗?
kěyǐ shì chuān yíxià ma

싀이찌엔 짜이 날?
试衣间在哪儿?
shìyījiān zài nǎr

쩌 싀 션머 이랴오 더?
这是什么衣料的?
zhè shì shénme yīliào de

쩡하오
正好。
zhènghǎo

타이 따 러
太大了。
tài dà le

쇼핑

옷 사기

잘 어울려요.

허리가 꽉 껴요.

L사이즈 주세요.

다른 색깔도 있어요?

심플한 디자인이 좋아요.

치파오 있어요?

헌 허스
很合适。
hěn héshì

야오웨이 요우 디얼 진
腰围有点儿紧。
yāowéi yǒu diǎnr jǐn

워 야오 따하오 더
我要大号的。
wǒ yào dàhào de

요우 비에더 옌써 마?
有别的颜色吗?
yǒu biéde yánsè ma

워 시환 푸쑤 더 콴싀
我喜欢朴素的款式。
wǒ xǐhuan pǔsù de kuǎnshì

요우 치파오 마?
有旗袍吗?
yǒu qípáo ma

쇼핑 / 옷 사기

구두 사기

신어봐도 돼요?

저 구두 얼마예요?

---

245 사이즈 있나요?

약간 크네요.

한 치수 큰 걸로 주세요.

운동화	运动鞋	윈똥시에
	yùndòngxié	
구두	皮鞋	피시에
	píxié	
샌들	凉鞋	량시에
	liángxié	

워 커이 싀 이샤 마?
我可以试一下吗?
wǒ kěyǐ shì yíxià ma

쩌 피시에 뚜오샤오 치엔?
这皮鞋多少钱?
zhè píxié duōshaoqián

요우 얼바이쓰싀우 하오 마?
有245号吗?
yǒu èrbǎisìshíwǔ hào ma

요우 디얼 따
有点儿大。
yǒu diǎnr dà

칭 게이 워 짜이 따 이디얼
请给我再大一点儿的。
qǐng gěi wǒ zài dà yìdiǎnr de

쇼핑

구두 사기

값을 깎을 때

비싸네요.

깎아주세요.

좀 더 싸게 해주세요.

너무 비싸요, 안 살래요.

둘러보고 다시 올게요.

싸다 便宜 피엔이
비싸다 貴 꾸이
깎다 打折扣 다 져코우

헌 꾸이

很贵。
hěn guì

피엔이 이디얼 바

便宜一点儿吧。
piányi yìdiǎnr ba

짜이 피엔이 이디얼 바

再便宜一点儿吧。
zài piányi yìdiǎnr ba

타이 꾸이 러, 뿌 마이 러

太贵了, 不买了。
tài guì le bù mǎi le

워 취 비에더 띠팡 칸칸 짜이 라이!

我去别的地方看看再来!
wǒ qù biéde dìfang kànkan zài lái

쇼핑

값을 깎을 때

계산하기

계산은 어디서 해요?

이 쿠폰 쓸 수 있나요?

이 카드 돼요?

다시 한 번 확인해 주세요.

영수증 주세요.

세일 减价 지엔찌아
할부 摊付 탄푸
쿠폰 优待票 요우따이퍄오

짜이 날 찌아오 치엔?
在哪儿交钱?
zài nǎr jiāo qián

넝 용 쩌거 요우따이퍄오 마?
能用这个优待票吗?
néng yòng zhège yōudàipiào ma

넝 용 쩌거 신용카 마?
能用这个信用卡吗?
néng yòng zhège xìnyòngkǎ ma

칭 짜이 취에런 이샤
请再确认一下。
qǐng zài quèrèn yíxià

칭 게이 워 파 퍄오
请给我发票。
qǐng gěi wǒ fā piào

쇼핑 계산하기

교환 · 환불

환불해 주시겠어요?

다른 걸로 바꾸고 싶어요.

이거 고장났어요.

영수증 가져 오셨어요?

네, 여기요.

반품 退货 투이훠
교환 交换 쟈오환
환불 兑还 뚜이환

넝 바 치엔 투이 게이 워 마?

能把钱退给我吗?
néng bǎ qián tuì gěi wǒ ma

워 샹 환 비에더 똥시

我想换别的东西。
wǒ xiǎnghuàn biéde dōngxi

쩌거 화이 러

这个坏了。
zhège huài le

파 퍄오 따이 라이 러 마?

发票带来了吗?
fāpiào dài lái le ma

따이 라이 러, 쩌 찌우 싀

带来了,这就是。
dài lái le zhè jiù shì

색깔

검정색	黑色 헤이써 hēisè
회색	灰色 후이써 huīsè
빨간색	红色 홍써 hóngsè
주황색	朱黄色 쮸황써 zhūhuángsè
분홍색	粉红色 펀홍써 fěnhóngsè
살색	肤色 푸써 fūsè
노란색	黄色 황써 huángsè
베이지색	米黄色 미황써 mǐhuángsè
갈색	茶色 챠써 chásè
초록색	绿色 뤼써 lǜsè
하늘색	淡蓝色 딴란써 dànlánsè
파란색	蓝色 란써 lánsè
보라색	紫色 쯔써 zǐsè
금색	金色 찐써 jīnsè
은색	银色 인써 yínsè
흰색	白色 바이써 báisè

친구만들기

말 걸기
칭찬하기
메일주소 주고받기
거절하기

말 걸기

여기서 뭐 하세요?

경치가 참 좋군요.

날씨가 덥네요.

어디서 오셨어요?

그거 참 좋군요.

직업 职业 쯔예
zhíyè
전공 专业 쫜예
zhuānyè
취미 爱好 아이하오
àihào

니 짜이 쩌리 깐 션머?
你在这里干什么？
nǐ zài zhèlǐ gàn shénme

펑징 헌 메이리
风景很美丽。
fēngjǐng hěn měilì

티엔치 헌 르어
天气很热。
tiānqì hěn rè

니 총 날 라이 더?
你从哪儿来的？
nǐ cóng nǎr lái de

나 타이 하오 러
那太好了。
nà tài hǎo le

말 걸기

친망구들기

친구가 되고 싶어요.

연락처를 알려주세요.

연락해도 될까요?

옆에 앉아도 돼요?

사진을 보내드릴 테니,
주소 좀 가르쳐주세요.

제 명함이에요.

워 샹 땅 니더 펑요우

我想当你的朋友。
wǒ xiǎng dàng nǐde péngyou

칭 까오쑤 이샤 니더 리엔시츄

请告诉一下你的联系处。
qǐng gàosu yíxià nǐde liánxìchǔ

커이 리엔시 마?

可以联系吗?
kěyǐ liánxì ma

커이 쭈오 니더 팡비엔 마?

可以坐你的旁边吗?
kěyǐ zuò nǐde pángbiān ma

워 게이 니 쏭 쟈오피엔, 칭 까오쑤 이샤 니더 띠즈

我给你送照片,请告诉我一下你的地址。
wǒ gěi nǐ sòngzhàopiàn qǐng gàosu wǒ yíxià nǐde dì zhǐ

쩌 싀 워더 밍피엔

这是我的名片。
zhè shì wǒde míngpiàn

같이 식사라도 하러 가요.

여행을 좋아하세요?

다음 목적지는 어디예요?

한잔 하러 가실래요?

좋은 하루 되세요.

좋은 여행 되세요.

워먼 이치 츠 판, 하오 마?
我们一起吃饭，好吗?
wǒmen yìqǐ chī fàn hǎo ma

니 시환 뤼싱 마?
你喜欢旅行吗?
nǐ xǐhuan lǚxíng ma

샤 이츠 무띠띠 싀 나거 띠팡?
下一次目的地是哪个地方?
xià yícì mùdìdì shì nǎge dìfang

워먼 이치 취 허 지우, 하오 마?
我们一起去喝酒，好吗?
wǒmen yìqǐ qù hē jiǔ hǎo ma

시왕 니 꾸오 위콰이 더 이톈
希望你过愉快的一天。
xīwàng nǐ guò yúkuài de yìtiān

이 루 슌 펑
一路顺风。
yí lù shùn fēng

칭찬하기

참 친절하시네요.

눈이 참 예뻐요.

참 잘 어울려요.

보는 눈이 있으시군요.

정말 잘 하시네요.

재미있다 有意思 요우이쓰
yǒu yìsi
기쁘다 高兴 까오씽
gāoxìng
즐겁다 愉快 위콰이
yúkuài

니 헌 르어칭
你很热情。
nǐ hěn rèqíng

니더 옌징 헌 퍄오량
你的眼睛很漂亮。
nǐde yǎnjīng hěn piàoliang

껀 니 헌 허싀
跟你很合适。
gēn nǐ hěn héshì

니 요우 옌리
你有眼力。
nǐ yǒu yǎnlì

니 쭈오더 헌 하오
你做得很好。
nǐ zuòde hěn hǎo

칭찬하기

천만구들기

스타일이 좋네요.

재미있어요.

오늘 너무 즐거웠어요.

대단해요!

당신과 만나서 행복해요.

나이보다 어려보이시네요.

씽샹 헌 부 추오

形象很不错。
xíngxiàng hěn bú cuò

헌 요우 이쓰

很有意思。
hěn yǒu yìsi

찐톈 헌 카이신

今天很开心。
jīntiān hěn kāixīn

쩐 빵

真棒!
zhēn bàng

런스 니, 워 헌 까오싱

认识你，我很高兴。
rènshi nǐ wǒ hěn gāoxìng

니 비 니엔링 껑 니엔칭

你比年龄更年轻。
nǐ bǐ niánlíng gēngniánqīng

말 걸기

천만구들기

메일주소 주고받기

괜찮으시다면 이메일 주소 좀 가르쳐주시겠어요?

제 메일 주소는 ~ 예요.

좀 적어주시겠어요?

그럼요.

우리 계속 연락해요.

친구 朋友 펑요우

메일주소 电子邮件 地址 띠엔즈 요우찌엔 띠즈

니더 띠엔즈 요우찌엔 띠즈 까오쑤 워, 싱마?

你的电子邮件地址告诉我, 行吗?
nǐde diànzi yóujiàn dìzhǐ gàosu wǒ xíng ma

워더 띠엔즈 요우찌엔 띠즈 싀 ~

我的电子邮件地址是 ~.
wǒde diànzi yóujiàn dìzhǐ shì

니 커이 시에 이샤 마?

你可以写一下吗?
nǐ kěyǐ xiě yíxià ma

하오 더

好的。
hǎo de

워먼 찌쉬 리엔시 바

我们继续联系吧。
wǒmen jìxù liánxì ba

메일주소 주고받기

친만구들기

거절하기

사양하겠습니다.

선약이 있어요.

그다지 내키지 않네요.

그만두세요.

남자친구/여자친구가 있어요.

바쁘다 忙 망
약속 约会 위에후이

부 야오 러
不要了。
bú yào le

워 요우 위에후이
我有约定。
wǒ yǒu yuēdìng

부 타이 칭위엔
不太情愿。
bú tài qíngyuàn

쑤안 러 바
算了吧。
suàn le ba

워 요우 난 펑요우 (뉘 펑요우)
我有男朋友(女朋友)。
wǒ yǒu nán péngyou nǚ péngyou

거절하기

친만두들기

친구	朋友	펑요우
남자친구	男朋友	난펑요우
여자친구	女朋友	뉘펑요우
(성별이 남자인) 남자친구	男的朋友	난더펑요우
(성별이 여자인) 여자친구	女的朋友	뉘더펑요우
애인	恋人	리엔런
이메일주소	电子邮件地址	띠엔쯔요우찌엔 띠즈
연락처	联系处	리엔시츄
전화번호	电话号码	띠엔화 하오마

혈액형	血型	쉬에씽
A형	A型	에이씽
B형	B型	비씽
O형	O型	오씽
AB형	AB型	에이비씽
사진촬영	照照片	쟈오쟈오피엔
독서	看书	칸슈
댄스	跳舞	탸오우
게임	游戏	요우시
운동	运动	윈똥
산책	散步	싼뿌

축구	足球	주치우
	zúqiú	
농구	篮球	란치우
	lánqiú	
배구	排球	파이치우
	páiqiú	
탁구	乒乓球	핑팡치우
	pīngpāngqiú	
낚시	钓鱼	땨오위
	diàoyú	
장기	下棋	시아치
	xiàqí	
영화감상	看电影	칸 띠엔잉
	kàn diànyǐng	
음악감상	听音乐	팅 인위에
	tīng yīnyuè	

위급상황

사고·질병
약국
도난·분실
다급할 때
증상 말하기

사고 · 질병

제일 가까운 병원이 어디예요?

약국 어디예요?

구급약 있어요?

의사를 불러주세요.

병원에 데려가 주세요.

| 구급차 救护车 찌우후쳐 |
| 약국 药店 야오뎬 |
| 의사 医生 이셩 |

리 쩔 찐더 이위엔 짜이 날?

离这儿近的医院在哪儿?
lí zhèr jìnde yīyuàn zài nǎr

야오뎬 짜이 날?

药店在哪儿?
yàodiàn zài nǎr

요우 찌우지야오 마?

有救急药吗?
yǒu jiùjíyào ma

칭 찌아오 이셩 라이

有叫医生来。
yǒu jiào yīshēng lái

칭 바 워 쏭따오 이위엔

请把我送到医院。
qǐng bǎ wǒ sòngdào yīyuàn

사고·질병

위급상황

어떻게 해야 하죠?

비상구는 어디 있나요?

구급차를 불러주세요.

다친 사람이 있어요.

경찰을 불러주세요.

한국 대사관에 연락해 주세요.

쩐머빤 너?
怎么办呢?
zěnmebàn ne

타이핑먼 짜이 날?
太平门在哪儿?
tàipíngmén zài nǎr

칭 찌아오 이량 찌우후쳐
请叫一辆救护车。
qǐng jiào yíliàng jiùhùchē

쩌 리 요우 쇼우샹 더 런
这里有受伤的人。
zhè lǐ yǒu shòushāng de rén

칭 찌아오 찡차 라이
请叫警察来。
qǐng jiào jǐngchá lái

칭 껀 한구어 따식관 리엔시
请跟韩国大使馆联系。
qǐng gēn Hánguó dàshǐguǎn liánxì

사고 · 질병

위급상황

약국

감기약 주세요.

손을 베었어요.

처방전을 보여주시겠어요?

하루에 세 번 식후에 드세요.

반창고 주세요.

진통제	止痛药 zhǐtòngyào	쯔통야오
소독약	消毒药 xiāodúyào	샤오두야오
소화제	消化药 xiāohuàyào	샤오화야오

워 야오 간마오 야오

我要感冒药。
wǒ yào gǎnmào yào

치에 샹 쇼우즈

切伤手指。
qiē shāng shǒuzhǐ

커이 칸 이샤 츄팡 마?

可以看一下处方吗?
kěyǐ kàn yíxià chǔfāng ma

이톈 싼츠, 판 호우 츠

一天三次,饭后吃。
yìtiān sāncì fàn hòu chī

칭 게이 워 샹피까오

请给我橡皮膏。
qǐng gěi wǒ xiàngpígāo

약국

위급상황

도난 · 분실

경찰서 어디예요?

지갑을 소매치기 당했어요.

택시에 가방을 두고 내렸어요.

항공권을 잃어버렸어요.

여권을 잃어버렸어요.

돈 钱 치엔
qián

소매치기 小偷 샤오토우
xiǎotōu

경찰 警察 찡차
jǐngchá

꽁안쥐 짜이 날?
公安局在哪儿?
gōngānjú zài nǎr

워더 치엔빠오 뻬이 토우 러
我的钱包被偷了。
wǒde qiánbāo bèi tōu le

워 바 빠오 팡 짜이 츄주쳐 샹 러
我把包放在出租车上了。
wǒ bǎ bāo fàng zài chūzūchē shàng le

워 바 찌피아오 띠우 러
我把机票丢了。
wǒ bǎ jīpiào diū le

워 바 후쟈오 띠우 러
我把护照丢了。
wǒ bǎ hùzhào diū le

도난 · 분실

위급상황

분실물센터는 어디예요?

이게 중국 연락처예요.

찾으면 알려주세요.

가방에 뭐가 들어 있었나요?

어디서 잃어버렸는지 모르겠어요.

카드사용을 정지시켜 주세요.

싀우쟈오링츄 짜이 날?

失物招领处在哪儿?
shīwùzhāolǐngchù zài nǎr

쩌 싀 워더 쭝구어 리엔시츄

这是我的中国联系处。
zhè shì wǒde zhōngguó liánxìchù

루구어 쟈오따오더 화, 까오쑤 워 바

如果找到的话，告诉我吧。
rúguǒ zhǎodàode huà gàosu wǒ ba

리미엔 요우 션머 똥시?

里面有什么东西?
lǐmiàn yǒu shénme dōngxi

워 뿌쯔따오 짜이날 띠우 더

我不知道在哪儿丢的。
wǒ bùzhīdào zài nǎr diū de

팅쯔 싀용 카

停止使用卡。
tíngzhǐ shǐyòng kǎ

도난·분실

위급상황

다급할 때

살려주세요!

누구 없어요? 도와주세요!

도둑이야!

조심해요!

잡아라!

찌우 밍 아

救命啊!
jiù ming ā

메이요우 션머 런 마? 빵 거 망 바

没有什么人吗? 帮个忙吧!
méiyǒu shénme rén ma   bāng ge máng ba

샤오 토우

小偷!
xiǎo tōu

샤오 신

小心!
xiǎo xīn

쭈아쭈 타

抓住他!
zhuāzhù tā

몸이 아파요

몸이 안 좋아요.
워 쥐에더 뿌 슈푸
我觉得不舒服。
wǒ juéde bù shūfu

열이 있어요.
요우 파샤오
有发烧。
yǒu fāshāo

기침이 나와요.
요우 커쏘우
有咳嗽。
yǒu késou

콧물이 나와요.
리우 비티
流鼻涕。
liú bíti

코가 막혔어요.
비써
鼻塞。
bísè

기력이 없어요.
훤션 우리
浑身无力。
húnshēn wúlì

어지러워요.
토우윈
头晕。
tóuyūn

오한이 나요.
파렁
发冷。
fālěng

감기 들었어요.
간마오 러
感冒了。
gǎnmào le

입맛이 없어요.

메이요우 스위

没有食欲。
méiyǒu shíyù

천식이에요.

치촨

气喘。
qìchuǎn

설사를 해요.

라 뚜즈

拉肚子。
lā dùzi

변비에 걸렸어요.

환 삐엔미

患便秘。
huàn biànmì

식중독이에요.

스우 쭝두

食物中毒。
shíwù zhōngdú

소화불량이에요.

샤오화 뿌 량

消化不良。
xiāohuà bù liáng

메스꺼워요.

으어신

恶心。
ěxin

배가 아파요.

뚜즈 텅

肚子疼。
dùzi téng

이가 아파요.

야 텅

牙疼。
yá téng

위가 아파요.

웨이 텅

胃疼。
wèi téng

생리통이에요.

통찡

痛疼。
tòngjīng

골절했어요.

구져

骨折。
gǔzhé

당뇨병이에요.

환 탕냐오삥

患糖尿病。
huàntángniàobìng

몸이 가려워요.

양 션티

痒身体。
yǎng shēntǐ

임신중이에요.

화이윈

怀孕。
huáiyùn

써★먹★는

　　단어

숫자

0 零 링
  líng

1 一 이
  yī

2 二 얼
  èr

3 三 싼
  sān

4 四 쓰
  sì

5 五 우
  wǔ

6 六 리우
  liù

7 七 치
  qī

8 八 빠
  bā

9 九 지우
  jiǔ

10 十 스
  shí

11 十一 스이
   shíyī

12 十二 스얼
   shí'èr

13 十三 스싼
   shísān

14 十四 스쓰
   shísì

15 十五 스우
   shíwǔ

16 十六 스리우
   shíliù

17 十七 스치
   shíqī

18 十八 스빠
   shíbā

19 十九 스지우
   shíjiǔ

20	二十 얼스 èrshí	200	二百 얼바이 èrbǎi
30	三十 싼스 sānshí	300	三百 싼바이 sānbǎi
40	四十 쓰스 sìshí	400	四百 쓰바이 sìbǎi
50	五十 우스 wǔshí	500	五百 우바이 wǔbǎi
60	六十 리우스 liùshí	600	六百 리우바이 liùbǎi
70	七十 치스 qīshí	700	七百 치바이 qībǎi
80	八十 빠스 bāshí	800	八百 빠바이 bābǎi
90	九十 지우스 jiǔshí	900	九百 지우바이 jiǔbǎi
100	一百 이바이 yìbǎi	1,000	一千 이치엔 yìqiān
얼마	多少 뚜오샤오 duōshao	10,000	一万 이완 yíwàn
몇 개	几个 지거 jǐgè	100,000	十万 스완 shíwàn

1월	一月 이위에 yī yuè	7월	七月 치위에 qī yuè
2월	二月 얼위에 èr yuè	8월	八月 빠위에 bā yuè
3월	三月 싼위에 sān yuè	9월	九月 지우위에 jiǔ yuè
4월	四月 쓰위에 sì yuè	10월	十月 싀위에 shí yuè
5월	五月 우위에 wǔ yuè	11월	十一月 싀이위에 shíyī yuè
6월	六月 리우위에 liù yuè	12월	十二月 싀얼위에 shíèr yuè

1일	一号 이하오 yī hào	4일	四号 쓰하오 sì hào
2일	二号 얼하오 èr hào	5일	五号 우하오 wǔ hào
3일	三号 싼하오 sān hào	6일	六号 리우하오 liù hào

7일	七号 치하오 qī hào		1시	一点 이뎬 yī diǎn
8일	八号 빠하오 bā hào		2시	两点 량뎬 liǎng diǎn
9일	九号 지우하오 jiǔ hào		3시	三点 싼뎬 sān diǎn
10일	十号 스하오 shí hào		4시	四点 쓰뎬 sì diǎn
			5시	五点 우뎬 wǔ diǎn
월요일	星期一 씽치이 xīngqī yī		6시	六点 리우뎬 liù diǎn
화요일	星期二 씽치얼 xīngqī èr		7시	七点 치뎬 qī diǎn
수요일	星期三 씽치싼 xīngqī sān		8시	八点 빠뎬 bā diǎn
목요일	星期四 씽치쓰 xīngqī sì		9시	九点 지우뎬 jiǔ diǎn
금요일	星期五 씽치우 xīngqī wǔ		10시	十点 스뎬 shí diǎn
토요일	星期六 씽치리우 xīngqī liù		11시	十一点 스이뎬 shíyī diǎn
일요일	星期天 씽치티엔 xīngqī tiān		12시	十二点 스얼뎬 shí'èr diǎn

10분	十分 스펀 shí fēn	1시간	一个小时 이거샤오스 yígè xiǎoshí
20분	二十分 얼스펀 èrshí fēn	10초	十秒 스먀오 shí miǎo
30분	三十分 싼스펀 sānshí fēn	20초	二十秒 얼스먀오 èrshí miǎo

아침	早上 쟈오샹 zǎoshang	정오	中午 쫑우 zhōngwǔ
낮	白天 바이티엔 báitiān	오후	下午 시아우 xiàwǔ
저녁	晚上 완샹 wǎnshang	그저께	前天 치엔티엔 qiántiān
밤	夜晚 예완 yèwǎn	어제	昨天 주오티엔 zuótiān
새벽	早晨 쟈오천 zǎochén	오늘	今天 찐티엔 jīntiān
오전	上午 샹우 shàngwǔ	내일	明天 밍티엔 míngtiān

모레	后天 호우티엔 hòutiān	작년	去年 취니엔 qùnián
지난주	上个星期 샹거씽치 shàngge xīngqī	올해	今年 찐니엔 jīnnián
이번주	这个星期 쪄거씽치 zhège xīngqī	내년	明年 밍니엔 míngnián
다음주	下个星期 샤거씽치 xiàge xīngqī	내후년	后年 호우니엔 hòunián
지난달	上个月 샹거위에 shànggeyuè	매일	每天 메이티엔 měitiān
이번달	这个月 쪄거위에 zhègeyuè	매주	每周 메이쪼우 měizhōu
다음달	下个月 샤거위에 xiàgeyuè	최근	最近 쭈이찐 zuìjìn
그끄저께	大前天 따치엔티엔 dàqiántiān		
글피	大后天 따호우티엔 dàhòutiān		
지지난주	上上个星期 샹샹거 씽치 shàngshàngge xīngqī		
다다음주	下下个星期 샤샤거 씽처 xiàxiàge xīngqī		

평일	平日 핑르 pīngrì		겨울	冬天 똥티엔 dōngtiān
주말	周末 쪼우모 zhōumò		여름방학	暑假 슈찌아 shǔjià
휴일	假日 찌아르 jiàrì		겨울방학	寒假 한찌아 hánjià
기념일	纪念日 찌니엔르 jìniànrì			
생일	生日 셩르 shēngrì		방향	方向 팡샹 fāngxiàng
날짜	日期 르치 rìqī		위치	位置 웨이쯔 wèizhi
출발일	出发日 츄파르 chūfārì		동쪽	东边 똥비엔 dōngbian
도착일	到达日 따오다르 dàodárì		서쪽	西边 시비엔 xībian
봄	春天 츈티엔 chūntiān		남쪽	南边 난비엔 nánbian
여름	夏天 시아티엔 xiàtiān		북쪽	北边 베이비엔 běibian
가을	秋天 치우티엔 qiūtiān		오른쪽	右边 요우비엔 yòubian

위치

한국어	中文	발음		한국어	中文	발음
왼쪽	左边	주오비엔		1층	一层	이청
가운데	中间	쭝찌엔		2층	二层	얼청
앞쪽	前边	치엔비엔		3층	三层	싼청
뒤쪽	后边	호우비엔		4층	四层	쓰청
위쪽	上面	샹미엔		5층	五层	우청
아래쪽	下面	샤미엔		6층	六层	리우청
안쪽	里面	리미엔		7층	七层	치청
바깥쪽	外面	와이미엔		8층	八层	빠청
옆쪽	旁边	팡비엔		9층	九层	지우청
건너편	对面	뚜이미엔		10층	十层	싀청

식사

술집	酒吧 지우바
찻집	茶馆 차구안
양식	西餐 시찬
중식	中餐 쭝찬
일식	日餐 르찬
디저트	甜点 티엔디엔
밥	米饭 미판
야채	蔬菜 슈차이
빵	面包 미엔빠오
케이크	蛋糕 딴까오

과일	水果	슈이구어
	shuǐguǒ	
쇠고기	牛肉	니우로우
	niúròu	
돼지고기	猪肉	쮸로우
	zhūròu	
닭고기	鸡肉	찌로우
	jīròu	
계란	鸡蛋	찌딴
	jīdàn	
해물	海产品	하이챤핀
	hǎichǎnpǐn	
생선	鱼	위
	yú	
새우	虾子	시아즈
	xiāzi	
초밥	寿司	쇼우쓰
	shòusī	
비빔밥	拌饭	빤판
	bànfàn	
볶음밥	炒饭	차오판
	chǎofàn	

북경오리구이	北京烤鸭	베이징 카오야
	běijīng kǎoyā	
꼬치	串	촨
	chuàn	
스테이크	牛排	니우파이
	niúpái	
스파케티	意大利面	이따리미엔
	yìdàlìmiàn	
패스트푸드	快餐	콰이찬
	kuàicān	
감자튀김	薯条	슈탸오
	shǔtiáo	
햄버거	汉堡包	한바오빠오
	hànbǎobāo	
치즈버거	吉士汉堡包	지스 한바오빠오
	jíshì hànbǎobāo	
샌드위치	三明治	싼밍쯔
	sānmíngzhì	
샐러드	沙拉	샤라
	shālā	
아이스크림	冰淇淋	삥치린
	bīngqílín	

케첩	番茄酱 fānqiéjiàng	판치에찌앙
피자	比萨 bǐsà	비싸
빨대	吸管 xīguǎn	시관
숟가락	勺子 sháozi	샤오즈
젓가락	筷子 kuàizi	콰이즈
그릇	碗 wǎn	완
접시	碟子 diézi	디에즈
포크	叉子 chāzi	챠즈
컵	杯子 bēizi	뻬이즈
이쑤시개	牙签 yáqiān	야치엔
물수건	湿手巾 shīshǒujīn	싀쇼우찐
냅킨	餐巾纸 cānjīnzhǐ	찬찐쯔

구운	烤 카오 kǎo	볶은	炒 챠오 chǎo
삶은	煮 쮸 zhǔ	튀긴	炸 쨔 zhà
찐	蒸 쩡 zhēng	끓인	烧 샤오 shāo
		날것	生的 셩더 shēngde

맵다	辣 라 là		
짜다	咸 시엔 xián	떫다	涩 써 sè
시다	酸 쑤안 suān	담백하다	清淡 칭딴 qīngdàn
싱겁다	淡 딴 dàn	느끼하다	油腻 요우니 yóuni
달콤하다	甜 티엔 tián	고소하다	香喷喷 시앙펀펀 xiāngpēnpēn
쓰다	苦 쿠 kǔ	부드럽다	软 루안 ruǎn

마실거리

술	酒	지우
	jiǔ	
맥주	啤酒	피지우
	píjiǔ	
생맥주	生啤	셩피
	shēngpí	
와인	葡萄酒	푸타오지우
	pútáojiǔ	
소주	白酒	바이 지우
	bái jiǔ	
위스키	威士忌	웨이스찌
	wēishìjì	
칵테일	鸡尾酒	찌웨이지우
	jīwěijiǔ	
음료수	饮用水	인용슈이
	yǐnyòngshuǐ	
생수	矿泉水	쾅췐슈이
	kuàngquánshuǐ	
끓는 물	热水	르어슈이
	rèshuǐ	

커피	咖啡 kāfēi	카페이
녹차	绿茶 lǜchá	뤼챠
홍차	红茶 hóngchá	홍챠
아이스티	冰茶 bīngchá	삥챠
사이다	气水 qìshuǐ	치슈이
콜라	可乐 kělè	커러
우유	牛奶 niúnǎi	니우나이
밀크커피	牛奶咖啡 niúnǎi kāfēi	니우나이 카페이

특별할인가	优惠价格	요우후이 찌아거
바겐세일	大减价	따찌엔찌아
신용카드	信用卡	신용카
백화점	百货商店	바이훠 샹뎬
면세점	免税商店	미엔슈이 샹뎬
영화관	电影馆	띠엔잉꽌
기념품가게	纪念品店	찐니엔핀 뎬
슈퍼마켓	超市	챠오스
시장	市场	스챵
서점	书店	슈뎬

전기제품	电子制品	띠엔즈 쯔핀
카메라	照相机	쨔오샹찌
디카	数码相机	슈마 샹찌
컴퓨터	电脑	띠엔나오
노트북	笔记本电脑	삐찌번 띠엔나오
CD	光盘	꽝판
DVD	DVD	디브이디
만화	漫画	만화
악세서리	首饰	쇼우싀
장난감	玩具	완쥐
부채	扇子	샨쯔

우산	雨伞	위싼
	yǔsǎn	
티슈	面巾纸	미엔찐쯔
	miànjīnzhǐ	
핸드백	手提包	쇼우티빠오
	shǒutíbāo	
숄더백	挎包	콰빠오
	kuàbāo	
반지	戒指	찌에쯔
	jièzhi	
목걸이	项链	샹롄
	xiàngliàn	
귀걸이	耳钉	얼띵
	ěrdīng	
팔찌	手镯	쇼우쭈오
	shǒuzhuó	
브로치	饰针	싀쩐
	shìzhēn	
보석	宝石	바오싀
	bǎoshí	
안경	眼镜	옌찡
	yǎnjìng	

선글라스	墨镜 mòjìng	**모어찡**
모자	帽子 màozi	**마오즈**
손수건	手帕 shǒupà	**쇼우파**
스카프, 목도리	围巾 wéijīn	**웨이찐**
장갑	手套 shǒutào	**쇼우타오**
양말	短袜 duǎnwà	**두완와**
가방	提包 tíbāo	**티빠오**
의류	衣服 yīfu	**이푸**
상의	上衣 shàngyī	**샹이**
와이셔츠	衬衫 chènshān	**천샨**
치마	裙子 qúnzi	**췬쯔**

스웨터	毛衣	마오이
	máoyī	
원피스	连衣裙	리엔이췬
	liányīqún	
바지	裤子	쿠즈
	kùzi	
속옷	内衣	네이이
	nèiyī	
양복	西服	시푸
	xīfú	
치파오	旗袍	치파오
	qípáo	
넥타이	领带	링따이
	lǐngdài	
벨트	腰带	야오따이
	yāodài	
손목시계	手表	쇼우뱌오
	shǒubiǎo	
구두	皮鞋	피시에
	píxié	
부츠	皮靴	피쉬에
	píxuē	

하이힐	高跟鞋 gāogēnxié	까오껀시에
샌들	凉鞋 liángxié	량시에
운동화	运动鞋 yùndòngxié	윈똥시에
슬리퍼	拖鞋 tuōxié	투오시에
향수	香水 xiāngshuǐ	샹슈이
화장품	化妆品 huàzhuāngpǐn	화쫭핀
매니큐어	指甲油 zhǐjiayóu	쯔찌아요우
선크림	防晒霜 fángshàishuāng	팡샤이슈앙
리무버	洗甲水 xǐjiashuǐ	시찌아슈이
팩	面膜 miànmó	몐모어
립스틱	口红 kǒuhóng	코우홍

기름종이	吃油纸	츠요우쯔
	chīyóuzhǐ	
피부	皮肤	피푸
	pífū	
지성	油性皮肤	요우씽 피푸
	yóuxing pífū	
건성	干性皮肤	깐씽 피푸
	gānxing pífū	
중성	中性皮肤	쫑씽 피푸
	zhōngxing pífū	
복합성	夏合性皮肤	푸허씽 피푸
	fùhéxing pífū	
민감성	敏感性皮肤	민간씽 피푸
	mǐngǎnxing pífū	
싼	便宜	피엔이
	piányi	
비싼	贵	꾸이
	guì	
더 큰	再大的	짜이 따더
	zài dàde	
더 작은	再小的	짜이 샤오더
	zài xiǎode	

XL	特号	터하오
	tèhào	
L	大号	따하오
	dàhào	
M	中号	쭝하오
	zhōnghào	
S	小号	샤오하오
	xiǎohào	
딱 맞다	正好	쩡하오
	zhènghǎo	
헐렁하다	松	쏭
	sōng	
타이트하다	紧	진
	jǐn	
짧다	短	똰
	duǎn	
길다	长	창
	cháng	
화려하다	花哨	화샤오
	huāshao	
수수하다	朴素	푸쑤
	pǔsù	

한국어	중국어	발음
진한	深的	션더
옅은	淡的	딴더
어두운	暗淡	안딴
선명하다	鲜明	시엔밍
헤어스타일	发型	파싱
긴 머리	长发	창파
대머리	光头	꽝토우
퍼머하다	烫发	탕파
커트하다	剪发	찌엔파
면도하다	刮胡子	꽈 후즈
마사지	按摩	안모어

면	棉	미엔
	mián	
순모	纯毛	츈마오
	chúnmáo	
마	麻	마
	má	
실크	丝绸	쓰쵸우
	sīchóu	
나일론	尼龙	니롱
	nílóng	
합성섬유	合成纤维	허청 시엔웨이
	héchéng xiānwéi	
가죽	皮革	피꺼
	pígé	
폴리에스테르	聚酯	쥐쯔
	jùzhǐ	

병원	医院	이위엔
진찰	看病	칸삥
입원	住院	쮸위엔
퇴원	出院	츄위엔
수술	手术	쇼우슈
구급차	救护车	찌우후쳐
내과	内科	네이커
외과	外科	와이커
치과	牙科	야커
안과	眼科	옌커

산부인과	妇产科	푸챤커 fùchǎnkē
소아과	小儿科	샤오얼커 xiǎo'érkē
정형외과	整形外科	쩡씽와이커 zhěngxíngwàikē
성형외과	成形外科	청씽와이커 chéngxíngwàikē
혈압	血压	쉬에야 xuèyā
생리	月经	위에찡 yuèjīng
임신	怀孕	화이윈 huáiyùn
맥박	脉搏	마이보어 màibó
소변검사	验小便	옌샤오삐엔 yànxiǎobiàn

화상	烧伤	샤오샹 shāoshāng
타박상	碰伤	펑샹 pèngshāng
소화불량	消化不良	샤오화뿌량 xiāohuàbùliáng
식중독	食物中毒	싀우쭝두 shíwùzhòngdú
진통제	止痛药	쯔통야오 zhǐtòngyào
소화제	消化药	샤오화야오 xiāohuàyào
위장약	肠胃药	창웨이야오 chángwèiyào
변비약	便秘药	삐엔미야오 biànmìyào
해열제	退烧药	투이샤오야오 tuìshāoyào
멀미약	晕车药	윈쳐야오 yùnchēyào
소독약	消毒药	샤오두야오 xiāodúyào

밴드	创可贴 촹커티에
반창고	橡皮膏 샹피까오
붕대	绷带 벙따이
가제	纱布 샤뿌
탈지면	脱脂棉 투오쯔미엔
파스	对氨水杨酸 뚜이안슈이양쑤안
마스크	口罩 코우쨔오
수면제	安眠药 안미엔야오
연고	药膏 야오까오

태풍	台风	타이펑
	táifēng	
지진	地震	디쩐
	dìzhèn	
비가 오다	下雨	샤위
	xiàyǔ	
눈이 내리다	下雪	샤쉬에
	xiàxuě	
바람이 불다	刮风	꽈펑
	guāfēng	
맑다	晴	칭
	qíng	
흐리다	阴	인
	yīn	
해가 뜨다	日出来	르츄라이
	rì chūlái	
해가 지다	日落下	르루오시아
	rì luòxià	
무지개	虹	홍
	hóng	
번개	雷	레이
	léi	
안개	雾	우
	wù	

몸

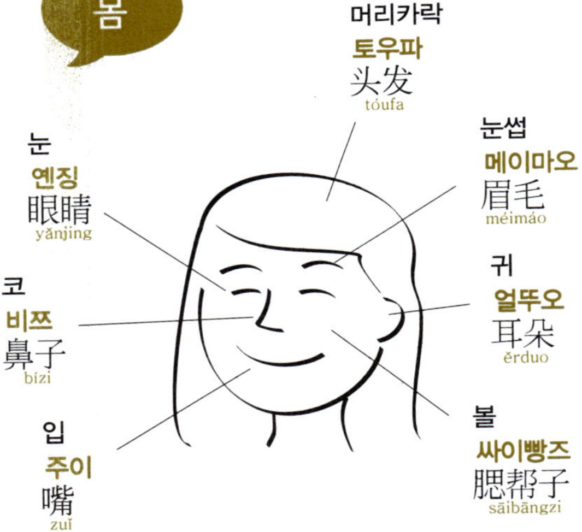

머리카락
토우파
头发
tóufa

눈썹
메이마오
眉毛
méimáo

눈
옌징
眼睛
yǎnjing

귀
얼뚜오
耳朵
ěrduo

코
비쯔
鼻子
bízi

볼
싸이빵즈
腮帮子
sāibāngzi

입
주이
嘴
zuǐ

입술
쯔츈
嘴唇
zuǐchún

이
야
牙
yá

혀
셔토우
舌头
shétou

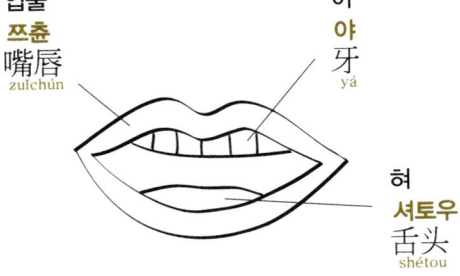

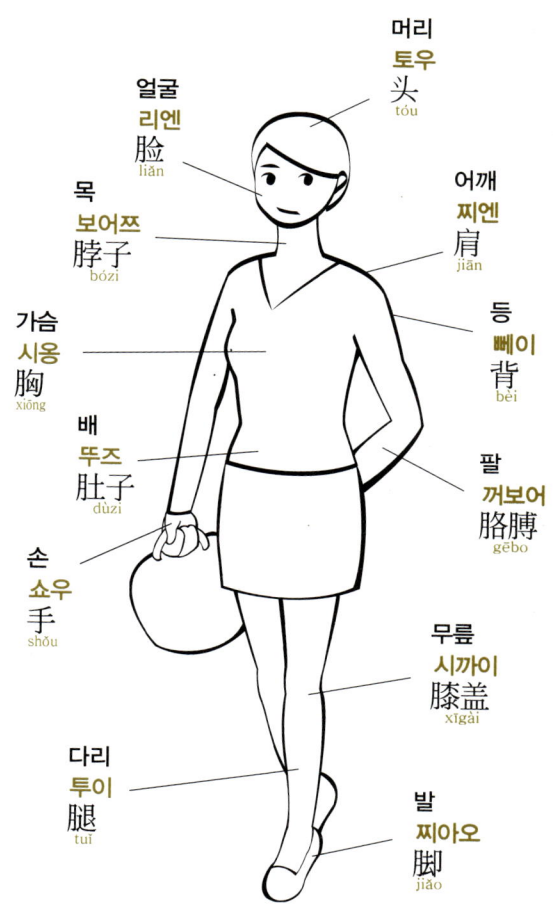

표지판 읽기

24시간 영업	24时营业 (èrshísìshí yíngyè)	얼스쓰스 잉예
개찰구	剪票口 (jiǎnpiàokǒu)	찌엔퍄오코우
경고	警告 (jǐnggào)	징까오
경찰서	公安局 (gōngānjú)	꽁안쥐
고장	故障 (gùzhàng)	꾸짱
공사중	工程中 (gōngchéngzhōng)	꽁청쭝
공중전화	共用电话 (gòngyòng diànhuà)	꽁용 띠엔화
균일가100위안	均匀价 100元 (jūnyúnjià yìbǎi yuán)	쥔윈찌아 이바이 위엔
금연	禁止吸烟 (jìnzhǐ xīyān)	찐쯔 시옌
금일개점	今日开店 (jīnrì kāidiàn)	찐르 카이뎬
낙석주의	注意落石 (zhùyì luòshí)	쭈이 루오스
난방중	暖房中 (nuǎnfángzhōng)	누안팡쭝
내부 수리중	内部 修理中 (nèibù xiūlǐzhōng)	네이뿌 슈리쭝
냉방중	冷房中 (lěngfángzhōng)	렁팡쭝

당기시오	拉 lā	라
동물에게 음식을 주지 마시오	不要给 动物吃的。 bú yào gěi dòngwù chīde	부 야오 게이 똥우 츠더
마음껏 드시고 100위안	随便吃, 付一百元。 suíbiàn chī, fù yìbǎi yuán	쑤이삐엔 츠, 푸 이바이 위안
막다른 길	死路 sǐlù	쓰루
만실	满室 mǎnshì	만싀
만차	满车 mǎnchē	만쳐
매점	小卖部 xiǎomàibu	샤오마이뿌
매진	售完 / 卖完 shòuwán màiwán	쇼우완 / 마이완
매표소	售票处 shòupiàochù	쇼우퍄오츄
먹는 물	食水 shí shuǐ	싀 슈이
문을 닫으시오	请关门吧 qǐngguānmén ba	칭 꾼먼 바
미끄럼주의	小心地滑 xiǎoxīndìhuá	샤오신띠화
미성년자 출입금지	禁止入内 未成年人 jìnzhǐ rùnèi wèichéngniánrén	찐쯔 루네이 웨이청니엔런
미시오	推 tuī	투이

반품 사절	谢绝退货 xièjué tuìhuò	시에쥐에 투이후오
분실물취급소	失物招领处 shīwù zhāolǐngchù	싀유 쟈오링츄
불조심	小心火灾 xiǎoxīn huǒzāi	샤오신 후오짜이
비매품	非卖品 fēimàipǐn	페이마이핀
비밀번호	密码 mìmǎ	미마
사용금지	禁止使用 jìnzhǐ shǐyòng	찐쯔 싀용
사용기한	使用期限 shǐyòng qīxiàn	싀용 치시엔
사용중	使用中 shǐyòng zhōng	싀용쫑
산지직송	产地直送 chǎndì zhísòng	찬띠 쯔쏭
서행	徐行 xúxíng	쉬씽
선불	先付 xiān fù	시엔 푸
셀프서비스	自我服务 zìwǒ fúwù	쯔워 푸우
손대지 마시오	请勿动手 qǐng wù dòngshǒu	칭 우 똥쇼우
수리중	修理中 xiūlǐzhōng	시우리쫑
수하물취급소	行李办理所 xínglǐ bànlǐsuǒ	싱리 빤리쑤오
연중무휴	无节假日 wújié jiàrì	우지에 찌아르
영업중	营业中 yíngyèzhōng	잉예쫑

예약제	预约制 yùyuēzhì	위위에쯔
우체국	邮局 yóujú	요우쥐
우회전금지	禁止往右拐 jìnzhǐ wǎngyòuguǎi	찐쯔 왕요우과이
월요일 휴관	星期一 休馆 xīngqīyī xiūguǎn	씽치이 슈꽌
위험	危险 wēixiǎn	웨이시엔
유통기한 : 제조일로부터 1년이내	有效期限 : 制造日期一年以内 yǒuxiào qīxiàn : zhìzào rìqī yīnián yǐnèi	요우샤오 치시엔 : 쯔짜오 르치 이니엔 이네이
음식물반입금지	禁止携带食品 jìnzhǐ xiédài shípǐn	찐쯔 시에따이 싀핀
일방통행	单行线 dānxíngxiàn	딴싱시엔
임시휴업	临时休业 línshí xiūyè	린싀 슈예
입구	入口 rùkǒu	루코우
입장무료	免费入场 miǎnfèi rùchǎng	미엔페이 루창
자동판매기	自动售货机 zìdòng shòuhuòjī	찌똥 쇼우후오찌
자전거도로	自行车道 zìxíngchē dào	쯔싱쳐 따오
잔디에 들어가지 마시오	请勿进去草地 qǐng wù jìnqù cǎodì	칭 우 찐취 차오띠
점검중	检修中 jiǎnxiūzhōng	찌엔슈쫑

접근금지	请勿靠近 qǐng wù kào jìn	칭우카오찐
접수	接受 jiēshòu	지에쇼우
정기휴일	定期休日 dìngqī xiūrì	띵치 슈르
정숙	肃静 sùjìng	쑤찡
좌측통행	左行 zuǒxíng	조우싱
주의	注意 zhùyì	쭈이
주차금지	禁止停车 jìnzhǐ tíngchē	찐쯔 팅쳐
줄 서세요	请排队吧 qǐng páiduì ba	칭 파이뚜이 바
진입/출입금지	禁止进入/出入 jìnzhǐ jìnrù chūrù	찐쯔 찐루 / 츄루
청소중	打扫中 dǎsǎo zhōng	다싸오 쫑
촬영금지	禁止拍照 jìnzhǐ pāizhào	찐쯔 파이쨔오
추월금지	禁止超车 jìnzhǐ chāochē	찐쯔 챠오쳐
출구	出口 chūkǒu	츄코우
출구전용	出口专用 chūkǒu zhuānyòng	츄코우 쫜용
취급주의	小心轻放 xiǎoxīn qīngfàng	샤오신 칭팡
통행금지	禁止通行 jìnzhǐ tōngxíng	찐쯔 통씽
폐문	风门 fēngmén	펑먼

폐점	停业 tíngyè	팅예
포장 (식당에서)	包装 bāozhuāng	바오쫭
품절	售完 shòuwán	쇼우 완
하차 후 탑승	先下后上 xiān xià hòu shàng	시엔 샤 호우 샹
현금자동인출기	自动提款机 zìdòng tíkuǎnjī	쯔똥 티콴찌
화장실	厕所 cèsuǒ	처쑤오
환전소	兑换处 duìhuànchù	뚜이환츄
회원제	会员制 huìyuánzhì	후이위엔쯔
횡단금지	禁止横断 jìnzhǐ héngduàn	찐쯔 헝뚜안
휴대폰사용금지	禁止把手机使用 jìnzhǐ bǎ shǒujī shǐyòng	찐쯔 바 쇼우지 싀용
휴업	休业 xiūyè	시우예
휴지통	垃圾箱 lājīxiāng	라지시앙
흡연구역	吸烟区域 xīyān qūyù	시옌 취예

memo

memo

여행이 ✱ 즐거워지는 ✱ 중국어

초판 발행 2007년 7월 20일
13쇄 발행 2024년 10월 25일

펴낸이 | 이규인
펴낸곳 | 도서출판 **창**
등록번호 | 제15-454호
등록일자 | 2004년 3월 25일
주소 | 서울시 마포구 대흥로 4길 49, 1층(용강동, 월명빌딩)
전화 | 02)322-2686,2687   팩스 | 02)326-3218
이메일 | changbook1@hanmail.net
홈페이지 | www.changbook.co.kr

감수 | 유향미 · 장현정
편집 | 이세영 · 이은우

ISBN 978-89-7453-143-0 13720
정가 6,000원

*잘못 만들어진 책은 〈도서출판 창〉에서 바꾸어 드립니다.